Anonymous

Die Harfe - Anthologie geistlicher Lieder zur Erbauung am häuslichen Herd

für Pianoforte und Gesang

Anonymous

Die Harfe - Anthologie geistlicher Lieder zur Erbauung am häuslichen Herd
für Pianoforte und Gesang

ISBN/EAN: 9783743430914

Hergestellt in Europa, USA, Kanada, Australien, Japan

Cover: Foto ©Thomas Meinert / pixelio.de

Weitere Bücher finden Sie auf **www.hansebooks.com**

Die Harfe.

Anthologie geistlicher Lieder

zur

Erbauung am häuslichen Herd

für

Pianoforte und Gesang.

Der Du noch in der letzten Nacht,
Eh' Du für uns erblasst,
Den Deinen von der Liebe Macht
In's Herz geredet hast:

Erinnere Deine fromme Schaar,
Die sich so leicht entzweit,
Dass Deine letzte Sorge war:
Der Glieder Einigkeit!

v. Zinzendorf.

Leipzig,

Verlag von Ernst Schäfer.

1862.

Vorwort.

Die Harfe soll für Jeden ein Erbauungsbuch in Wort und Ton sein. Sie soll in der Familie, vom Kinde bis zum Greise, den Sinn für häusliche Andacht wecken und erhalten, und Jeden mit den gebräuchlichsten Gesängen seiner Kirche vertraut machen. Keiner besonderen Richtung sich anschliessend, enthält sie nur solche Lieder und Gesänge, welche jeden Christen in seinem täglichen Leben und Wirken berühren, erbauen und im festen Glauben zu Gott erheben. Es sind: Choräle, Morgen- und Abendlieder, Gesänge zum Preis der Natur, Buss-, Trost-, Trauer- und Begräbnisslieder, Festklänge, Psalmen und Chorsätze, sowohl für gemischten Chor, als auch für Männerchor.

Der Choral, als der verbreitetste Kirchengesang, wurde der Sammlung zu Grunde gelegt, und ist so zahlreich vertreten, dass er die meisten Gesangbücher, welche nur die Worte enthalten, nicht nur vervollständigt, sondern auch theilweise entbehrlich macht. Er ist es auch, welcher bei der Zusammenstellung jedesmal da, wo die Lieder und Gesänge mehr in das allgemeine Leben eingreifen, wieder auf das rein kirchliche Gebiet zurückführt; dass aber die Harfe auch Gesänge letzterer Gattung enthalten musste, schien zur Erweckung christlichen Sinnes unumgänglich: denn das Leben soll zur Religion, und diese zu besserem Leben führen. — Die Psalmen und Chorsätze wurden einestheils zur Bekanntschaft und Uebung derselben aufgenommen, anderntheils, um Chorführern an entfernten kleinen Orten Stoff zu Kirchen-Musikaufführungen zu bieten.

Was die Bearbeitung sämmtlicher Gesänge betrifft, so kam es vorzüglich darauf an, sie so zugänglich als möglich zu machen. Sie wurden daher weder zu hoch noch zu tief gehalten, und der Claviersatz so eingerichtet, dass er auch ohne Gesang das Tonstück leicht und so vollständig als möglich wiederzugeben vermag. Letzteres geschah besonders deshalb, um der Harfe Einklang beim Musikunterricht in der Familie zu verschaffen, denn wie wenig bis jetzt auf diesem Wege für die ernstere Tonkunst gethan wird, ist fast unglaublich. Möge sie daher auch hier anregen und nützen.

Der Herausgeber.

Choral.

1. Wir glau - ben All' an ei - nen Gott, Herrn und
   Der durch sein mäch - ti - ges Ge - bot uns er-

Va - ter al - ler Welt, }
schuf und uns er - hält, }
der voll Weis - heit,

Güt' und Macht, stets für Al - les sorgt und wacht.

2. Wir glauben All' an Jesum Christ,
   Gottes eingebornen Sohn,
   Der Mensch für uns geworden ist
   Und herrscht auf Gottes Thron,
   Der für uns am Kreuze starb,
   Heil und Leben uns erwarb.

3. Wir glauben an den heil'gen Geist,
   Der mit gnadenvoller Kraft
   An unsern Herzen sich erweist,
   Wollen und Vollbringen schafft.
   Heilige Dreieinigkeit,
   Segne deine Christenheit!

Chor am Trinitatisfeste.

Giovanni Pierluigi da Palestrina.

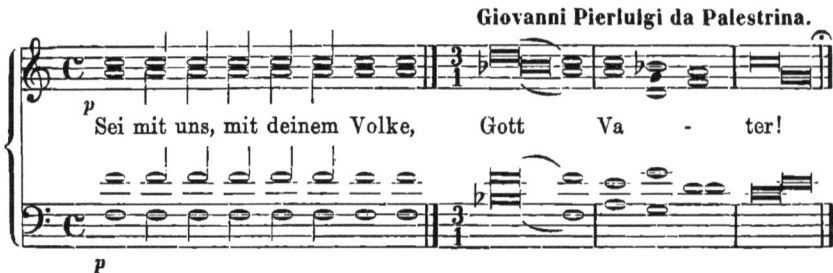

Sei mit uns, mit deinem Volke, Gott Va - ter!

Segne dein Volk, dein Er - be, Je - su Chris - te!

Heilger Geist! heilger Geist! Sei mit uns, mit deinem Vol - ke!

Chor.

F. W. Rauch.

1. { Was willst du dich er - he - ben, o Mensch, du fremder Gast! }
{ Der du doch nur ein Le - ben, nur ei - ne See - le hast. }

Wenn die - se geht ver - lo - ren, so würd' es

bes-ser sein, du wä-rest nicht ge - bo - ren, als

e - wig in der Pein.

2. Nur einmal wirst du sterben,
Es ist ein Augenblick,
An dem du kannst erwerben
Das all'zeit wahre Glück.
Wenn dieses nicht getroffen
Dort in dem letzten Streit,
So ist kein Heil zu hoffen
In langer Ewigkeit.

3. Es ist auch nur ein Himmel
Den Frommen zubereit't,
Und alles Weltgetümmel
Ist nichts als Eitelkeit.
Allein die Tugend führet
Zur ewig süssen Ruh;
Wer sich von Gott verirret
Der fährt der Hölle zu.

4. Einst musst du Rechnung geben,
Wie Thun und Lassen war!
Von deinem ganzen Leben
Wird Alles offenbar.
Ach, solltest du verlieren
Was hier der Richter spricht,
So hilft kein Appeliren;
„Nur fort, ich kenn' euch nicht!"

5. Gemäss den Glaubenslehren
Ist nur ein Herr und Gott,
Willst den nicht lieben, ehren
Und halten sein Gebot,
Willst du die Sünd' nicht hassen
Und jede Eitelkeit
So bist du schon verlassen
In alle Ewigkeit.

Choral.

1.
Al - lein Gott in der Höh' sei Ehr', und
Da - rum, dass nun und nim - mer - mehr uns

Dank für sei - ne Gna - - de,)
rüh - ren kann kein Scha - - de. }
Ein Wohlge-

fall'n Gott an uns hat; nun ist gross Fried' ohn' Un - ter-

lass, all' Fehd' hat nun ein En - de.

2. Wir loben, preis'n, anbeten dich, für deine Ehr' wir danken, dass du, Gott Vater, ewiglich regierst ohn' alles Wanken. Ganz ungemess'n ist deine Macht, fort g'schieht, was dein Will' hat bedacht. Wohl uns des feinen Herren!

3. O Jesu Christ, Sohn eingebor'n deines himmlischen Vaters, Versöhner der'r, die waren verlor'n, du Stiller unsers Haders; Lamm Gottes, heil'ger Herr und Gott! nimm an die Bitt' von unsrer Noth, erbarm' dich unser aller!

4. O heilger Geist, du höchstes Gut, du all'rheilsamster Tröster! vor's Teufels G'walt fortan behüt', die Jesus Christ erlöset durch grosse Mart'r und bittern Tod; abwend' all unsern Jamm'r und Noth; darzu wir uns verlassen. **Decius.**

(Zu voriger Melodie.)

1. Allein Gott in der Höh' sei Ehr',
Und Dank für seine Gnade.
Er sorget, dass uns nimmermehr
Gefahr und Unfall schade.
Uns wohlzuthun ist er bereit;
Sein Rath ist unsre Seligkeit.
Erhebet ihn mit Freuden!

2. Ja Vater, wir erheben dich
Mit freudigem Gemüthe.
Du herrschest unveränderlich
Mit Weisheit und mit Güte.
Unendlich gross ist deine Macht,
Und stets geschieht, was du bedacht;
Wohl uns, dass du regierest!

3. O Jesu Christ, des Höchsten Sohn!
Dich, seinen Eingebornen,
Dich sandte Gott vom Himmelsthron
Zur Rettung der Verlornen.
Du Mittler zwischen uns und Gott,
Hilf uns im Leben und im Tod;
Erbarm' dich unser aller!

4. O heil'ger Geist, du Geist von Gott,
Erleuchte, bessre, tröste,
Die Jesus Christ durch seinen Tod
Von Sünd' und Tod erlöste.
Auf deinen Beistand hoffen wir;
Verlass uns nicht, so sind wir hier
Und einst auch ewig selig.

Dieterich (nach Decius).

Chor.

2. Wir wollen hören; rede du
Durch deines Mundes Laut!
Du schliessest dem dein Wort nicht zu,
Der gerne sich erbaut.

3. Ach! führe uns, Herr Jesu Christ,
In dieser Pilgerzeit
Dahin, wo unsre Heimath ist,
In sel'ger Ewigkeit.

6

Sanctus.

Von **Michael Prätorius** harmonisirt.

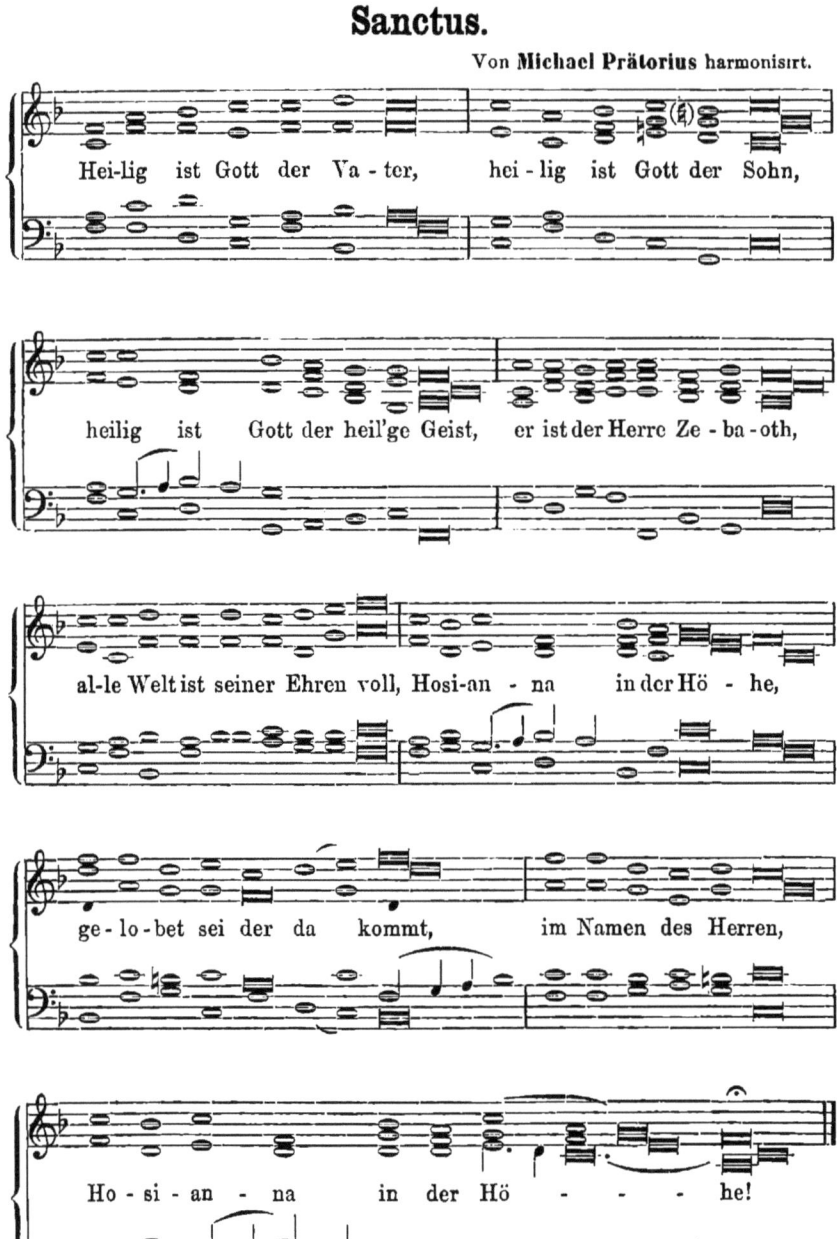

Hei-lig ist Gott der Va - ter, hei - lig ist Gott der Sohn,

heilig ist Gott der heil'ge Geist, er ist der Herre Ze - ba -oth,

al-le Welt ist seiner Ehren voll, Hosi-an - na in der Hö - he,

ge-lo-bet sei der da kommt, im Namen des Herren,

Ho-si-an - na in der Hö - - he!

Der 93. Psalm.

Mel.: Sei Lob und Ehr' dem höchsten Gut etc.

1. Der Herr ist Kö - nig, schön geschmückt, er hat ein Reich ge-
   Das weit-hin sei - ne Gren - zen rückt, und sei - nen Ruhm ver-

grün - det,
kün - det. } Sein Reich soll nim-mer un - ter - geh'n; es wird un-

wan - del - bar be - steh'n, nnd sei - ne Herrschafft meh - ren.

2. Dein Stuhl steht fest in Ewigkeit!
   Die Wasserströme schwellen,
   Ihr Brausen rauschet hoch und weit,
   Hoch steigen ihre Wellen;
   Die Wogen kämpfen mächtig an,
   Sie brechen kühn sich ihre Bahn;
   Der Herr ist doch viel grösser!

3. Dein Wort, o Herr, ist fort und fort
   Die rechte, ein'ge Lehre,
   Und Heiligkeit der starke Hort,
   Und deines Hauses Ehre.
   Dein Wort erbaut dein ew'ges Reich!
   Ihm, ihm ist keine Weisheit gleich!
   Dein Wort, das wird wohl bleiben!

Dr. F. A. Koethe.

Choral.

1. Wie herrlich strahlt der Mor - gen - stern! o welch' ein
   Glanz Got - tes, der die Nacht durch - bricht, du bringst in

Glanz geht auf vom Herrn: wer soll - te sein nicht ach - ten?
fin - stre See - len Licht, die nach der Wahr - heit schmach - ten.

Dein Wort, Je - su, ist voll Klar - heit,

führt zur Wahr - heit und zum Le - ben.

Wer kann dich ge - nug er - he - - ben?

2. Du, hier mein Trost und dort mein Lohn, Sohn Gottes und des Menschen Sohn, des Himmels grosser König! von ganzem Herzen preis' ich dich; hab' ich dein Heil, so rühret mich das Glück der Erde wenig. Zu dir komm' ich; wahrlich, Keiner tröstet deiner sich vergebens, der dich sucht, o Herr des Lebens!

3. Durch dich nur kann ich selig sein. O giess' tief in mein Herz hinein die Flammen deiner Liebe! Wer wär' ich, wenn in Heiligkeit ich nicht der Prüfung kurze Zeit dir treu, Versöhner, bliebe! Treuer Heiland, den ich fasse und nicht lasse, o erwähle dir zu eigen meine Seele!

4. Von Gott strahlt mir ein Freudenlicht, so oft dein liebreich Angesicht sich neigt, mich anzublicken. O Jesu, du mein höchstes Gut! dein Wort, dein Geist, dein Leib und Blut soll meine Seel' erquicken. Stärke du mich, mein Erbarmer, dass ich Armer, Staub und Erde, Himmelsfreuden inne werde!

5. Und wie, Gott Vater, preis' ich dich? Von Ewigkeit her hast du mich in deinem Sohn erkoren. Durch ihn bin ich mit dir vereint, durch ihn, den Bruder, ihn den Freund, zum Leben neu geboren. In ihm hab' ich schon hienieden deinen Frieden; meinem Glauben kann Nichts seine Krone rauben.

6. Ihm, welcher Sünd' und Tod bezwang, ihm müsse froher Lobgesang mit jedem Tag erschallen; dem Lamme, das erwürget ist, dem Freunde, der uns nie vergisst, zum Ruhm und Wohlgefallen. Schallet freudig, Jubellieder, hallet wieder, dass die Erde voll von seinem Ruhme werde.

7. Wie freu' ich mich, o Jesu Christ, dass du der Erst' und Letzte bist, der Anfang und das Ende! Einst, wenn dein Ruf mich sterben heisst, o Herr, befehl' ich meinen Geist getrost in deine Hände! Ewig werd' ich, Herr, dort oben hoch dich loben, dem ich traue, wenn ich nun dein Antlitz schaue.

Chor.

Nicht zu langsam.

1. Schönster Herr Je - su, Herrscher aller En - den, Got - tes und Ma - ri - ä Sohn. Dich will ich lie - ben, dich will ich eh - ren, du mei - ner See - len Freud' und Kron'.

2. Schön sind die Wälder, noch schöner sind die Felder in der schönen Frühlingszeit. Jesus ist schöner, Jesus ist reiner, der unser traurig Herz erfreut.

3. Schön leucht' der Monden, noch schöner leucht' die Sonne, als die Sternlein allzumal. Jesus leucht' schöner, Jesus leucht' reiner, als die Engel im Himmelsaal.

4. All die Schönheit Himmels und der Erden ist nur gegen ihn als Schein. Keiner auf Erden uns lieber kann werden, als der schönste Jesus mein.

5. Jesus ist wahrhaftig hoch von uns geliebet, Jesus ist wahrhaftig hochgebenedeit. Jesus wir bitten dich, sei uns gnädig bis an uns're letzte Zeit.

Aus dem 12. Jahrhundert.

Schluss-Choral.

Aus der Motette „Ich lasse dich nicht".

J. Chr. Frd. Bach.

1. Dir Je - su, Got - tes Sohn, sei Preis, dass
2. Ich brin - ge Lob und Eh - re dir, dass

ich aus dei - nem Wor - te weiss, was e - wig
du ein e - wig Heil auch mir durch dei - nen

se - lig macht! Gieb, dass ich nun auch fest und
Tod er - warbst. Herr, die - ses Heil ge - wäh - re

treu, in die - sem mei - nen Glau-ben sei.
mir; und e - wig, e - wig dank' ich dir.

Choral.

Mel.: Werde munter mein Gemüthe etc.

1. Still und hei-ter, wie der Mor-gen, flammt em-
   jetzt noch nicht be-schwert mit Sor-gen, nicht be-

por zu dir mein Herz,
rührt mit Schuld und Schmerz.
Va-ter der Barmher-zig-keit,

der mir neu-e Kraft ver-leiht, lass des Kin-des fro-hes

Lal-len, mei-nen Dank dir wohl-ge-fal--len!

2. Ein Gedanke — dir zu leben! leucht' auf meiner Bahn mir vor! mir, der über eitlem Streben diesen Leitstern oft verlor. Reisst die Lust mich wieder fort: ach, ein Wink von dir, ein Wort, helfe dem verirrten Kinde, dass es bald zurecht sich finde!

3. Dir vertrau' ich, der den Müden und Beladnen Ruh' verheisst, sie erquickt mit seinem Frieden, sie belebt mit seinem Geist. Leite du mich, guter Hirt! Wer von dir geleitet wird, findet auch auf öder Haide frisches Wasser, volle Weide.

4. Nimm mich in die Zahl der Deinen und erhalte mich darin. Kraft im Grossen, Treu' im Kleinen gieb mir bei zufriednem Sinn, und als theures Gnadenpfand jenen Geist, von dir gesandt, der mich lenke, heb' und trage bis an's Ziel der Erdentage.

Chor.

Gläser.

Einzelne.

1. Die lange Nacht entfliehet, der Tag bricht dämmernd an, des

Lichtes Pforte glühet, vom Frühroth auf - ge - than.

Chor. Feierlich.

Sei uns ge - grüsst, du hol - des Licht, du säu - mest, du ver-

lässt uns nicht, du säu - mest, du verlässt uns nicht.

2. Das Gute kommt von Oben, da ist des Lichtes Quell, wo Morgensterne loben, da ist es ewig hell. Wir wallen hier im dunklen Thal, |: doch leuchtet uns des Himmels Strahl. :|

3. O Vater, sende Segen auf deiner Kinder Schaar! Uns leucht' auf allen Wegen dein Antlitz immerdar. Erhebe du dein Angesicht, |: Herr, über uns, verlass' uns nicht. :|

Zufriedenheit.

Mässig. J. P. Schulz.

1. Ich danke Gott, und freu-e mich, wie's Kind zur Weihnachtsga-be, dass ich noch bin, und dass ich dich, schön menschlich An-tlitz ha-be.

2. Dass ich die Sonne, Berg und Meer, und Laub und Gras kann sehen, und Abends unter'm Sternenheer und lieben Monde gehen.

3. Und dass mir dann zu Muthe ist, als wenn wir Kinder kamen, und sahen, was der heil'ge Christ bescheeret hatte, Amen!

4. Ich danke Gott mit Saitenspiel, dass ich kein König worden; ich wär' geschmeichelt worden viel, und wär' vielleicht verdorben.

5. Auch bet' ich ihn vom Herzen an, dass ich auf dieser Erde nicht bin ein grosser reicher Mann, und auch wohl keiner werde.

6. Denn Ehr' und Reichthum treibt und bläht, hat mancherlei Gefahren und Vielen hat's das Herz verdreht, die weiland wacker waren.

7. Und all das Geld und all das Gut gewährt zwar viele Sachen; Gesundheit, Schlaf und guten Muth kann's aber doch nicht machen.

8. Und die sind doch, bei Ja und Nein! ein rechter Lohn und Segen! Drum will ich mich nicht gross kastein des vielen Geldes wegen.

9. Gott gebe mir nur jeden Tag, so viel ich brauch' zum Leben. Er giebt's dem Sperling auf dem Dach: wie sollt' er's mir nicht geben.

Claudius.

Morgenhymne.

1. Lobt den Herrn! lobt den Herrn! die Mor - gen-

sonne weckt die Flur aus ih - rer Ruh, und der

ganzen Schöpfung Wonne strömt verjüngt uns wie - der zu!

2. |: Lobt den Herrn! :| In frühen Düften
   Lobet ihn der Blumen Flor;
   Auf den Wipfeln, in den Lüften
   Singet ihm der Vögel Chor.

3. |: Lobt den Herrn! :| Aus seiner Höhle
   Brüllt das Wild ihm seinen Dank.
   Doch vor allen, meine Seele!
   Tön' ihm früh dein Lobgesang.

Der 123. Psalm.

Mel.: Nun sich der Tag geendet hat etc.

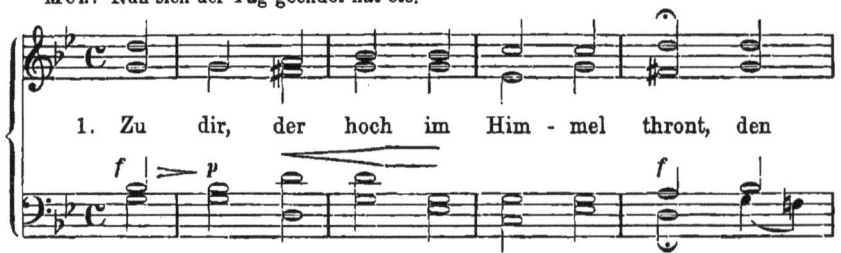

1. Zu dir, der hoch im Him - mel thront, den

dei - ne Huld er - kor, zu dir, der ü - ber

Wol - ken wohnt, heb' ich mein Aug' em - por.

2. So wie auf ihres Herren Hand
Der Knechte Augen seh'n,
So wie auf ihrer Frauen Hand
Der Mägde Augen seh'n;

3. So sehen unsre Augen auf
Zu Gott, und ihn herbei
Sehnt unser Herz, und blickt hinauf,
Bis er uns gnädig sei.

4. Herr, sei uns gnädig, denn ach! schwer
Liegt auf uns Schmach und Spott!
Sei gnädig uns je mehr und mehr,
Schütz' uns du treuer Gott!

F. A. Koethe.

Choral.

1. { Was Gott thut, das ist wohlge - than, es bleibt gerecht sein Wil - le.
Wie er fängt meine Sa - chen an, will ich ihm hal - ten stil - le. }
Er ist mein Gott, der in der Noth mich wohl weiss zu er - hal - ten; drum lass' ich ihn nur wal - ten.

2. Was Gott thut, das ist wohlgethan, sein Wort kann mich nicht trügen; er führet mich auf rechter Bahn, drum lass' ich mir genügen an seiner Huld, und hab' Geduld. Er wird mein Unglück wenden; es steht in seinen Händen.

3. Was Gott thut, das ist wohlgethan, er wird mich wohl bedenken. Er, als ein Arzt, der helfen kann, wird mir nicht Gift einschenken. Gott ist getreu und steht mir bei, drum will ich auf ihn bauen und seiner Güte trauen.

4. Was Gott thut, das ist wohlgethan, er ist mein Licht und Leben, der mir nichts Böses gönnen kann; ihm hab' ich mich ergeben. Nach allem Leid kommt einst die Zeit, da öffentlich erscheinet, wie treulich er es meinet.

5. Was Gott thut, das ist wohlgethan. Muss ich den Kelch auch schmecken, der bitter ist nach meinem Wahn, lass' ich mich doch nicht schrecken, weil doch zuletzt er mich ergötzt mit süssem Trost im Herzen; da weichen alle Schmerzen.

6. Was Gott thut, das ist wohlgethan, dabei will ich verbleiben; es mag mich auf die rauhe Bahn Kreuz, Noth und Elend treiben. Auch noch im Tod wird mich mein Gott in seinen Armen halten; drum lass' ich ihn nur walten.

Gottes Macht und Vorsehung.

Mit Kraft und Feuer.   L. van Beethoven.

1. Gott ist mein Lied! Er ist der Gott der Stär - ke; hehr ist sein Nam', und gross sind sei - ne Werke, und al - le Him - mel sein Ge - biet!

2. Er will und spricht's: so sind und leben Welten. Und er gebeut, so fallen durch sein Schelten die Himmel wieder in ihr Nichts!

3. Licht ist sein Kleid, und seine Wahl das Beste; er herrscht als Gott, und seines Thrones Feste ist Wahrheit und Gerechtigkeit!

4. Unendlich reich, ein Meer von Seligkeiten, ohn' Anfang Gott, und Gott in ew'gen Zeiten! Herr aller Welt, wer ist dir gleich?

5. Was ist und war, im Himmel, Erd' und Meere, das kennet Gott; und seiner Werke Heere sind ewig vor ihm offenbar.

6. Er ist um mich, schafft, dass ich sicher ruhe: er schafft, was ich vor oder nachmals thue, und er erforschet mich und dich.

7. Er ist dir nah, du sitzest oder gehest; ob du an's Meer, ob du gen Himmel flöhest; so ist er allenthalben da.

8. Er kennt mein Flehn, und allen Rath der Seele, er weiss, wie oft ich Gutes thu' und fehle, und eilt, mir gnädig beizustehn.

9. Er wog mir dar, was er mir geben wollte, schrieb auf sein Buch, wie lang' ich leben sollte, da ich noch unbereitet war.

10. Nichts, nichts ist mein, das Gott nicht angehöre. Herr, immerdar soll deines Namens Ehre, dein Lob in meinem Munde sein!

11. Wer kann die Pracht von deinen Wundern fassen? Ein jeder Staub, den du hast werden lassen, verkündigt seines Schöpfers Macht!

12. Der kleinste Halm ist deiner Weisheit Spiegel, du, Luft und Meer, ihr Auen, Thal und Hügel, ihr seid sein Loblied und sein Psalm!

13. Du tränkst das Land, führst uns auf grüne Weiden: und Nacht und Tag, und Korn und Wein und Freuden, empfangen wir von deiner Hand.

14. Kein Sperling fällt, Herr, ohne deinen Willen: sollt' ich mein Herz nicht mit dem Troste stillen, dass deine Hand mein Leben hält?

15. Ist Gott mein Schutz, will Gott mein Retter werden: so frag' ich nichts nach Himmel und nach Erden und biete selbst der Hölle Trutz.

Chr. F. Gellert.

Der 125. Psalm.

Mel.: Herzliebster Jesu, was hast du etc.

1. Die auf den Herrn nur hof-fen, auf Ihn se - hen, sie

werden fest gleich dem Berg Zi - on ste - hen. Gott wird, wie sich um

Sa - lem Höh'n er - he - ben, sein Volk um - ge - ben.

2. Nicht immer wird der Bösen Herrschaft währen, dass nicht verführt Gerechte selbst begehren, ein ungerechtes Gut noch zu erreichen, von Gott abweichen.

3. Herr, thue wohl den Frommen, die hier flehen! Die aber ihre krummen Wege gehen, die wird der Herr mit starker Hand vertreiben; die Frommen bleiben!

F. A. Koethe.

Dem Unveränderlichen.

1.
{ Dem Ew'gen un-sre Lieder, was auch das Herz be - wegt!
{ Ver-traut, vertraut, ihr Brüder, dem, der die Wel-ten trägt!

Er lässt wol Blätter sterben u. Sonnen sich verglühn: doch keins lässt er ver-

derben, neu soll es auf - erblühn, neu soll es auf - er-blühn.

2. Wenn Winterstürme schrecken und starrer Frost gebeut, lässt er die Erde decken mit seinem weissen Kleid. Und unter warmer Hülle, gleich wie im Mutterschoos, da schläft in tiefer Stille |: sich Gras und Blüthe gross. :|

3. Und ist der May erschienen, dann bricht so frisch hervor mit jungen Unschuldsmienen ein zahllos Lebenschor, däs ruft in tausend Freuden uns tief zum Herzen ein: was zagst du doch im Leiden? |: Gott muss die Liebe sein! :|

Choral.

1. Nun dan - ket Al - le Gott mit Her - zen,
Der gros - se Din - ge thut an uns und

Mund und Hän - den, der uns von Mut - ter -
al - len En - den;

Ped. ✱

leib' und Kin - des - bei - nen an bis die - sen

Au - gen - blick un - zäh - lig Gut's ge - than.

Ped. ✱

2. Der ewig reiche Gott woll' uns, so lang' wir leben, ein immer fröhlich Herz und edlen Frieden geben; woll' uns in seiner Gnad' erhalten fort und fort, und uns aus aller Noth erlösen hier und dort.

3. Lob, Ehr' und Preis sei Gott, dem Vater und dem Sohne und seinem heil'gen Geist, im hohen Himmelsthrone! Gott, der voll Lieb' uns trägt, bleibt, wie er ewig war: unendlich gross und gut; Lob sei ihm immerdar!   Rinkart.

Gloria in excelsis Deo.

Giovanni Pierluigi da Palestrina.

Eh - re sei Gott in der Hö - he, und Frie-

de auf Er - den, und den Menschen ein Wohlge-

und den Menschen ein Wohlge - fal - -

fal - - - len, den Menschen ein Wohlge - fal - -

den Menschen ein Wohlge-

den Menschen ein Wohl - ge - fal -

len,

- - - len, und den Menschen ein Wohlge-fal - - len!

fal - - len,

- - len,

Der 75. Psalm.

Mel.: Ich dank' dir schon durch deinen Sohn etc.

1. Wir dan-ken, Gott, wir dan-ken dir, und dei-nen Na-men prei-sen, und dei-ne Wun-der rüh-men wir, die sich so nah er-wei-sen.

2. Kommst du, o Herr! hier zum Gericht, so zittern Land und Leute; doch die Gerechten zagen nicht, sind nicht des Schreckens Beute.

3. Ihr Stolzen, rühmt euch nicht so sehr, pocht nicht auf eure Stärke; trotzt nicht auf eure scharfe Wehr, nicht auf die eitlen Werke!

4. Sprecht nicht: „mit uns hat's keine Noth, auf hohen, tiefen Pfaden; und ob auch Sturm und Wetter droht, was könnte uns denn schaden?"

5. Wisst: Gott ist Richter, und Er hält, der mindern kann und mehren, den bittern Kelch, den tief die Welt im Strafgericht muss leeren.

6. Ich aber will verkündigen des Herrn gewalt'ge Thaten. Er wird die Frevler züchtigen, die Frommen wohlberathen.   F. A. Koethe.

Lobgesang.

1. Al - les was O - dem hat, lo - be den Herrn! An - dacht und hei - li - ge Won - ne durch - drin - ge un - ser Al - ler See - le ganz.

2. Schmecket und sehet, wie freundlich er ist!
   Lieb' und Erbarmung und Wahrheit und Gnade
   Waltet ewig über uns.

3. Alles, was lieben kann, liebe den Herrn!
   Seraphim, Cherubin, Engel und Geister,
   Lieb' ist eure Seligkeit.

4. Dürsten doch unsere Seelen, wie ihr,
   Selig und heilig und ewig zu lieben
   Den, der uns aus Liebe schuf!

5. Aber wir lieben ihn dennoch! Der Staub
   Liebet Erbarmung mit Thränen der Sehnsucht,
   Die er selbst einst trocknen wird.

Sam. Bürde.

Die Liebe des Nächsten.

Lebhaft, doch nicht zu sehr.

L. van Beethoven.

1. So jemand spricht: Ich lie-be Gott! und hasst doch seine

Brüder, der treibt mit Gottes Wahrheit Spott und reisst sie ganz dar-

nieder. Gott ist die Lieb' und will, dass

ich den Nächsten lie-be, gleich als mich.

2. Wer dieser Erden Güter hat, und sieht die Brüder leiden, und macht den Hungrigen nicht satt, lässt Nackende nicht kleiden; der ist ein Feind der ersten Pflicht, und hat die Liebe Gottes nicht.

3. Wer seines Nächsten Ehre schmäht, und gern sie schmähen höret; sich freut, wenn sich sein Feind vergeht, und nichts zum Besten kehret, nicht dem Verleumder widerspricht; der liebt auch seinen Bruder nicht.

4. Wer zwar mit Rath, mit Trost und Schutz den Nächsten unterstützet, doch nur aus Stolz, aus Eigennutz, aus Weichlichkeit ihm nützet; nicht aus Gehorsam, nicht aus Pflicht; der liebt auch seinen Nächsten nicht.

5. Wer harret, bis ihn anzuflehn, ein Dürft'ger erst erscheinet, nicht eilt dem Frommen beizustehn, der im Verborg'nen weinet; nicht gütig forscht, ob's ihm gebricht; der liebt auch seinen Nächsten nicht.

6. Wer andre, wenn er sie beschirmt, mit Härt' und Vorwurf quälet, und ohne Nachsicht straft und stürmt, so bald sein Nächster fehlet; wie bleibt bei seinem Ungestüm die Liebe Gottes wohl in ihm?

7. Wer für der Armen Heil und Zucht mit Rath und That nicht wachet, dem Uebel nicht zu wehren sucht, das oft sie dürftig machet, nur sorglos ihnen Gaben giebt; der hat sie wenig noch geliebt.

8. Wahr ist es, du vermagst es nicht, stets durch die That zu lieben; doch bist du nur geneigt, die Pflicht getreulich auszuüben, und wünschest dir die Kraft dazu, und sorgst dafür: so liebest du.

9. Ermattet dieser Trieb in dir: so such' ihn zu beleben. Sprich oft: Gott ist die Lieb', und mir hat er sein Bild gegeben. Denk' oft: Gott, was ich bin, ist dein; sollt' ich, gleich dir, nicht gütig sein?

10. Wir haben einen Gott und Herrn, sind eines Leibes Glieder; drum diene deinem Nächsten gern; denn wir sind alle Brüder. Gott schuf die Welt nicht blos für mich; mein Nächster ist sein Kind, wie ich.

11. Ein Heil ist unser aller Gut, ich sollte Brüder hassen, die Gott durch seines Sohnes Blut so hoch erkaufen lassen? dass Gott mich schuf, und mich versühnt, hab ich dies mehr, als sie, verdient?

12. Du schenkst mir täglich so viel Schuld, du Herr von meinen Tagen! ich aber sollte nicht Geduld mit meinen Brüdern tragen? dem nicht verzeihn, dem du vergiebst, und den nicht lieben, den du liebst?

13. Was ich den Frommen hier gethan, dem Kleinsten auch von diesen, das sieht Er, mein Erlöser, an, als hätt' ich's ihm erwiesen, und ich, ich sollt' ein Mensch noch sein, und Gott in Brüdern nicht erfreun?

14. Ein unbarmherziges Gericht wird über den ergehen, der nicht barmherzig ist, der nicht die rettet, die ihn flehen, drum gieb mir Gott! durch deinen Geist ein Herz, dass dich durch Liebe preisst!

Chr. F. Gellert.

Choral.

Ludwig Hellwig.

Der du durch deiner Allmacht Hand mein Wesen mir be - rei -

tet, und da schon, eh' ich dich gekannt, mit Gü - te mich ge-

lei - tet; der du erhälst, was du ge - macht, mein Schöpfer,

Dank sei dir gebracht, für dei - ne Macht und Gü - te!

Choral.

1. Ach, bleib' mit dei - ner Gna - de bei uns, Herr Je - su Christ, dass uns hin - fort nicht scha - de der Sün - de Macht und List!

2. Ach, bleib' mit deinem Worte bei uns, Erlöser werth, dass uns so hier, als dorte, sei Trost und Heil bescheert!

3. Ach, bleib' mit deinem Glanze bei uns, du werthes Licht; dein' Wahrheit uns umschanze, damit wir irren nicht!

4. Ach, bleib' mit deinem Segen bei uns, o reicher Herr; dein' Gnad' und all Vermögen in uns reichlich vermehr'!

5. Ach, bleib' mit deinem Schutze bei uns, du starker Held, dass uns der Feind nicht trutze, noch fäll' die böse Welt!

6. Ach, bleib' mit deiner Treue bei uns, Herr, unser Gott; Beständigkeit verleihe, hilf uns aus aller Noth!

Stegmann.

Vater unser.

Quartett. Solo.

C. F. Becker.

Va-ter un-ser der du bist im Him - mel, ge-heiliget

werde dein Na - me, zu uns komme dein Reich, dein Wil -

- le ge-sche-he wie im Himmel also auch auf Er-den, un-ser

täg-lich Brod gieb uns heut' und vergieb uns un-sre Schuld wie

wir ver - ge - ben un - sern Schul - di - gern, und füh - re

uns nicht in Ver - su - chung sondern er - lö - se uns von dem

Chor. *mf*

Ue - bel. Denn dein ist das Reich, und die

f *ff*

Kraft, und die Herr - lich - keit in E -

wig - keit, A - - - - men.

Ped. *

Der 54. Psalm.

Mel.: Herr, ich habe missgehandelt etc.

1. Hilf mir, Gott, durch dei - nen Na - men,
   Sprich zu mei - nem Fleh'n das A - men,
   schaff' durch dei - ne Macht mir Recht;
   hö - re gnä - dig dei - nen Knecht!
   Sie - he, mir zu scha - den trach - ten
   Stol - ze, die auf Gott nicht ach - ten.

2. Doch mir steht der Herr zur Seite, Gott ist meines Lebens Schutz;
er wird helfen mir im Streite, beugen meiner Feinde Trutz. Freudig werd' ich
dann lobsingen, dir des Dankes Opfer bringen.

3. Deinen Namen will ich preisen, der so trostreich ist; denn du eilst,
mir Hilfe zu erweisen, führst aus Kampf und Noth zur Ruh. Meine Feinde
unterliegen, du, mein Retter, hilfst mir siegen!   F. A. Koethe.

Mutter-Gottes-Gesänge.

I.

1. Wunderschön prächtige, hohe und mächtige, liebreich holdse-lige himmlische Frau, ei-gen vertrau'! Gut, Blut und Le-ben will ich dir ge-ben Alles, was immer ich hab', was ich bin, geb' ich mit Freuden Mari-a, dir hin.

Der ich mich ewiglich, weihe herzinniglich, Leib dir und Seele zu

2. Schuldlos Geborene, einzig Erkorene, Du, Gottes Tochter und Mutter und Braut, die aus der reinen Schaar Reinste, wie keine war, selber der Herr sich zum Tempel gebaut, du makellose Lilienrose, Krone der Erde, der himmlischen Zier, Himmel und Erde, sie huldigen dir!

3. Du Treubewährte und Hochverklärte, bist auf dem Meer uns ein leitender Stern; du Hocherhobene, Strahlenumwobene, du bist die Nächste am Throne des Herrn! Dich schuf die Milde zum Gnadenbilde. D'rum auch, was Himmel und Erde umschliesst, Mutter der Gnaden, Maria, dich grüsst!

4. Gottesgebärerin, Heilandernährerin, Mutter, an Freuden und Schmerzen so reich, welche der Schuldigen wär' dir, geduldigen Mutter, an Reinheit und Tugend wohl gleich? Du Hochgeweihte, hochbenedeite Mutter und Jungfrau, du, schuldlos allein, woll' eine Mutter uns Sündern auch sein!

5. Allzeit Sanftmüthige, milde, grundgütige Mutter des Heilands voll Gnade und Huld! Bitt' für uns sündige Menschen, verkündige du uns vom Sohne Verzeihung der Schuld, steh' wenn wir scheiden, du uns zur Seiten, sühne den furchtbaren Richter uns, du führe dem göttlichen Sohne uns zu.

II.

Langsam.

1. { Mut - ter Got - tes, dür - fen Sün - der, / dür - fen schwache Menschen-kin - der } dir auch wohl ein

Lob - lied weih'n, da sich dei - ner En - gel freu'n?

2. O du Heilige, du Reine, Fromme, wie der Frommen keine! Wer ist dir im Himmelreich, wer ist dir auf Erden gleich?

3. Alle menschliche Geschlechter, Heiligste der Erdentöchter, Urbild der Bescheidenheit, preisen deine Seligkeit.

4. Alle Seraphinenchöre nennen dich der Menschheit Ehre. Wer ist, der den Sohn erkennt, der dich nicht mit Ehrfurcht nennt?

5. Zu dir fleh'n wir, deine Kinder: Bitt', Maria, für uns Sünder! Bitt' für uns im letzten Streit, Mutter der Barmherzigkeit!

III.

Lieblich.   Nach **P. F. X. Weninger.**

1. Gnaden-quel-le sei gegrüsst, Quel-le die bestän - dig fliesst,

Trost der Christen! o Ma - ri - a! Jungfrau sei ge - grüsst!

mf sei gegrüsst zu je - der Stund', in dem Herzen, mit dem Mund;

Al - les mache dei - ne Würde, dei - ne Gna - de kund.

2. Liebste Mutter! wir sind dein, zeig' dich Mutter stets zu sein; schreib' uns Alle deinem Herzen unauslöschlich ein. Du warst noch zu jeder Zeit Ursach' uns'rer Fröhlichkeit: sei es bis zum Lebensende und in Ewigkeit.

3. Mutter! es ist unerhört, dass dein Sohn dir nicht gewährt, was du deinen treuen Dienern gütig hast begehrt. Wenn Gefahr der Seele droht, in des Lebens jeder Noth, rettet uns in deinem Namen der versöhnte Gott.

4. Schreckt der Sünden schwere Last: sei zu dir Vertrau'n gefasst, die du dich der Sünder Zuflucht stets gezeiget hast. Wer dich in Betrübniss bat, fand bei dir, Maria! Rath; Trost, wer immer dir als Mutter sich empfohlen hat.

5. Auch zu streiten bis auf's Blut um des Himmels grosses Gut, bringst du, Reinste! den Versuchten neue Kraft und Muth. Gross ist uns'rer Feinde Zahl hier in diesem Thränenthal: rette, Mutter! deine Kinder von dem Sündenfall!

6. Und wann Seel' und Leib sich trennt, nur noch schwach das Herz dich nennt, o dann bitte, Mutter! bitte um ein seelig End'. Nach vollbrachtem letzten Streit führ' uns in die Ewigkeit; milde Jungfrau! zeig' uns Jesum in der Herrlichkeit!

Choral.

1. Nun sich der Tag ge-en-det hat, die Sonne nicht mehr scheint, schläft

Al-les, was da müd' und matt, und was zu-vor ge-weint.

2. Nur du, mein Gott, wachst für und für, du schläfst noch schlummerst nicht; die Finsterniss bleibt nicht vor dir, denn du bist selbst das Licht.

3. Gedenke, Herr, nun auch an mich in dieser dunkeln Nacht, und halte selbst mich gnädiglich in deiner Hut und Wacht.

4. Zwar fühl' ich meiner Sünden Schuld, die mich bei dir verklagt: doch hat mir deines Sohnes Huld Vergebung zugesagt.

5. Er hat genug für mich gethan, da er am Kreuze starb; den Trost nehm' ich im Glauben an, den mir sein Tod erwarb.

6. Darauf schliess' ich mein' Augen zu und schlafe fröhlich ein; mein Gott wacht über meine Ruh': wie kann mir bange sein?

7. Weicht, nichtige Gedanken, hin, hemmt nicht der Andacht Lauf! Ich baue jetzt in meinem Sinn Gott einen Tempel auf.

8. Soll diese Nacht die letzte sein von meiner Lebenszeit, so führ' mich, Herr, zum Himmel ein in deine Herrlichkeit.

9. Und also leb' und sterb' ich dir, o treuer Herr und Gott! im Tod und Leben hilf du mir aus aller Angst und Noth.   Herzog.

Der 133. Psalm.

Mel.: Lasst uns Alle fröhlich sein etc.

1. Sieh', wie lieb - lich ist's und fein, dass in

Lieb' hie - nie - den Brü - der woh - nen,

her - zens - rein und in süs - sem Frie - den.

2. Wie der Balsam sich ergeusst,
Von den grünen Wipfeln,
Wie der Thau herniederfleusst
Von der Berge Gipfeln.

3. Denn der Herr verheisst dahin
Segensfüll' und Leben;
Er wird köstlichen Gewinn
Den Friedfert'gen geben!

F. A. Koethe.

38

Abendlied.

Nägeli.

1. Nacht und Still' ist um mich her, kaum ein Lüftchen regt sich mehr,

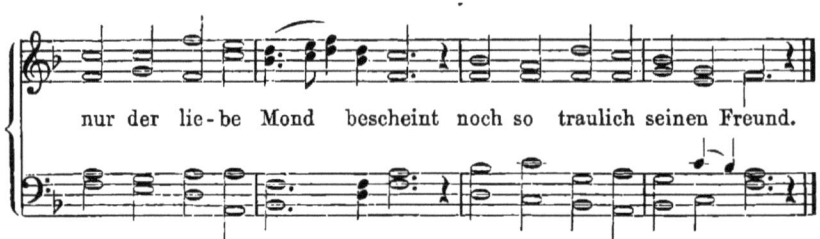

nur der lie-be Mond bescheint noch so traulich seinen Freund.

2. Tag und Still' soll in mir sein, will mich hoch und innig freu'n, dass ich hab' bei Tag und Nacht einen Herrn der für mich wacht.

Abendlied.

Langsam und getragen.

Kuhlau.

Ueber al-len Wipfeln ist Ruh, in allen Zweigen hö - rest

du kei-nen Laut; die Vöglein schlafen im Walde! Warte nur, warte nur,

Ped.

Abendfeier.

Mässig.   Anacker.

1. Wie ist der Abend so traulich, wie lächelnd der Tag verschied; wie
singen so herz - er - bau - lich die Vö - gel ihr A - bendlied.

2. Die Blumen müssen wohl schweigen, kein Ton ist Blumen bescheert,
doch stille Beter neigen sie Alle das Haupt zur Erd'.

3. Ja, Alles betet lebendig, um eine selige Ruh', und Alles mahnt mich
inständig: o Menschenkind bete auch du.   Spitta.

Erinnerung an die Kindheit.

Ruhig und innig.

J. G. Kunstmann.

1. Wenn die A - bend - rö - the Dorf und Hain um-

wallt, und die Hirten - flö - te

hell zum Rei - gen schallt; dei - ne Lenzge-

füh - le wähn' ich dann er - neut,

du, der Knaben - spie - le süs-se Blumen-zeit!

2. Wie der Mond aus grauer Nebeldämm'rung Flor, hebt aus öder Trauer sich mein Geist empor, wenn, mit Spiel und Tanze, mir dein Maigefild sich im Rosenglanze zauberisch enthüllt.

3. Ach! mit welchem Reize dämmert das Revier stiller Todtenkreuze, Kindheit neben dir! deine Nacht voll Sorgen dunkelt schon von fern: der Vollendung Morgen folgt kein Abendstern.   Matthisson.

Abendlied.

Reichardt.

1. Die Abend-glocke schal-let und mahnt zur Ruh' die Welt, ein stil-ler Frie-de wal-let hin ü-ber's A-cker-feld.

2. O kehre, sanfter Friede, in unsrer Hütte ein! Du sollst in meinem Liede dafür gepriesen sein.

Choral.

1. Wenn wir in höchsten Nö - then stehn und nirgends
ei - nen Ausgang sehn, und fin - den we - der Schutz noch
Rath, ob wir auch sor - gen früh und spat:

2. So ist das unser Trost allein, dass wir zusammen insgemein anrufen dich, o treuer Gott! um Rettung aus der Angst und Noth.

3. Und heben unser Aug' und Herz zu dir hinauf in Reu' und Schmerz, und flehen um Begnadigung und aller Strafen Linderung.

4. Nach deiner Gnade sagest du diess Allen, die dir trauen, zu, durch den, der unser Mittler ist, durch unsern Heiland, Jesum Christ.

5. Drum kommen wir, Herr, unser Gott, und klagen dir all' unsre Noth. Ach deine Vateraugen sehn, wie wir so ganz verlassen stehn.

6. Sieh' nicht an, dass die Sünde gross, sprich uns davon aus Gnaden los; steh' uns in unserm Elend bei, mach' uns von allen Plagen frei.

7. Auf dass von Herzen können wir nachmals mit Freuden danken dir, gehorsam sein nach deinem Wort, dich allzeit preisen hier und dort.

Eberus.

Trost für mancherlei Thränen.

Gemächlich.   Schulz.

1. Warum sind der Thränen unterm Mond so viel, und so manches

Sehnen, das nicht laut sein will? Nicht doch, liebe Brüder! ist das unser

Muth? schlagt den Kummer nie - der; es wird Alles gut!

2. Aufgeschaut mit Freuden, himmelauf zum Herrn! seiner Kinder Leiden sieht er gar nicht gern. Er will gern erfreuen, und erfreut so sehr; seine Hände streuen Segen rings umher.

3. Nur dies schwach' Gemüthe trägt nicht jedes Glück, stösst die reine Güte selbst von sich zurück. Wie's nun ist auf Erden, also sollt's nicht sein; lasst uns besser werden, gleich wird's besser sein.

4. Sind wir noch vom Schlummer immer nicht erwacht? Leben und sein Kummer dau'rt nur eine Nacht. Diese Nacht entfliehet, und der Tag bricht an, eh' man sich's versiehet, dann ist's Wohlgethan.

5. Wer nun diesem Tage ruhig harren will, kommt mit seiner Plage ganz gewiss an's Ziel. Endlich ist's errungen, endlich sind wir da! droben wird gesungen ein Victoria!

Ch. Ad. Overbek.

Der 23. Psalm.

(Solo-Gesang mit Begleitung.)

Abbé Stadler.

Langsam.

mf

f Gott ist mein Hirt, mir wird nichts

semper legato

man - geln, er la - gert mich auf grü - ner

Weide, er lci - tet mich an stil - len

Tod - tesschat - ten Tha - le, so wall' ich oh - ne

Furcht, denn du be - glei - test

mich, dein Stab und dei - ne Stü - tze, sind

im - mer - dar mein Trost, du

rich-test mir ein Freu-denmahl im An - gesicht der

Fein - de zu, du salbst mein Haupt mit

Oe - le und schenkst mir vol - le Be - cher

ein, mir fol - get Heil und Se - ligkeit, in

die - sem Le - ben nach, einst ruh' ich

p

ew' - ge Zeit, dort in des

cresc. *f*

Ew' - gen Haus!

Amen.

p *f* *p*

Amen, Amen, Amen, A - men, A - men!

Choral.

(Beim Tode eines Ehegatten.)

Mel.: O Traurigkeit, o Herzeleid etc.

1. Ach Gott, wie leer ist's um mich her! wo find' ich Trost und Frie - den? Was so fest ver - bunden war, hat der Tod ge - schie - den.

2. Gieb Gott die Ehr' und klag' nicht mehr! Er sendet Freud' und Leiden. Was in Gott sich hat vereint, kann der Tod nicht scheiden.

3. Ich bin allein; wie wird mir sein, wenn ich dich nicht mehr sehe! wenn ich meinen dunkeln Weg ohne dich nun gehe!

4. Bist du allein? ist Gott nicht dein? kannst du nicht vor ihn treten? Wo du bist, ist Gott dir nah', kannst du zu ihm beten.

5. Des Lebens Müh', ach, wer wird sie durch Liebe mir versüssen? Ungestillt wird bittrer nun jede Thräne fliessen!

6. O, weisst du nicht, was Jesus spricht: Kommt, ich will euch erquicken! Ruf' ihn an, er wird auf dich voller Gnade blicken. Dreves.

Choral.

1. Schmücke dich, o lie - be See - le, lass die dunkle Grabes-
   Komm an's hel - le Licht ge - gan - gen, Gnad' um Gnade zu em-

höh - le. Denn der Herr hat vol - ler Gna - den der den
pfan - gen! dich zu sei - nem Mahl ge - la - den;

Him - mel ein - ge - nommen, heisst dich freundlich zu sich kom - men.

2. Eile froh, wie Freunde pflegen, eile deinem Freund entgegen, der mit seinen reichen Gaben dein verarmtes Herz will laben; öffn' ihm schnell des Geistes Pforten; sprich mit glaubensvollen Worten: Komm, Herr, siehe mein Verlangen, dich im Geiste zu umfangen!

3. O, wie sehnt sich mein Gemüthe, Menschenfreund, nach deiner Güte! Ach, wir wandeln unter Thränen unsern Weg, mit heissem Sehnen! und wir müden Pilger dürsten nach dem Quell des Lebensfürsten. Herr, hier willst du mit den Deinen dich von Neuem fest vereinen.

4. Lass mir alle Zweifel weichen, nur der Glaube kann's erreichen. Jesu, lass mich würdig nahen, hier dein Leben zu umpfahen! Hier fall' ich zu deinen Füssen: lass mich würdiglich geniessen dieser deiner Himmelsspeise, mir zum Heil und dir zum Preise.

5. Menschenfreund, dein göttlich Lieben ist zum Tode treu geblieben, dass du willig hast dein Leben auch für mich dahin gegeben; mir den Himmel aufgeschlossen durch dein Blut, am Kreuz vergossen; deine Lieb' in's Herz zu drücken, lass dein Mahl mich jetzt erquicken.

6. Jesu, wahres Brod des Lebens, hilf, dass ich ja nicht vergebens, oder mir gar wohl zum Schaden sei zu deinem Tisch geladen! Lass dein heilig Mahl mich stärken zur Geduld in guten Werken, dass ich einst, wie jetzt auf Erden, mag dein Gast im Himmel werden!   Frank (Johann).

Motette.

Während der Ausspendung des heiligen Abendmahls.

(Für 3 Solostimmen, ohne Begleitung.)

Giacomo Carissimi.

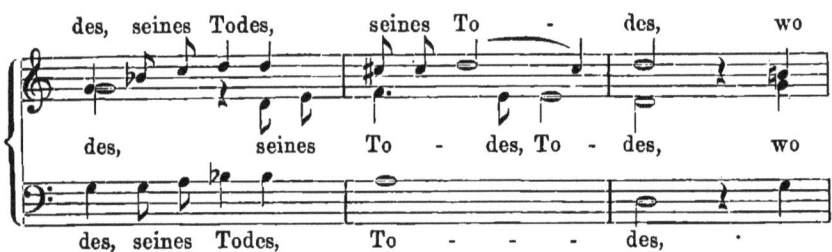

To - des, To - des. Die Seele ist von Dank er -

To - des. Die Seele ist von Dank er-

füllt, und zu einst'ger Se - lig - keit wird das Pfand, wird

füllt, und zu einst'ger Se - lig - keit wird

und zu einst' - ger Se - lig - keit wird uns ein Pfand

uns das Pfand ge - ge - ben, wird

das Pfand ge - ge - ben, wird das Pfand, wird

ge - ge - ben, wird das Pfand

das Pfand ge - ge - ben!

uns das Pfand ge - ge - ben!

ge - ge - ben!

Choral.

Mel.: Christus, der ist mein Leben etc.

1. Einst geh' ich oh - ne Be - - ben zu

mei - nem To - de hin; denn Chri - stus ist mein

Le - ben und Ster - ben mein Ge - winn.

2. Ich scheue nicht die Schrecken der freudenleeren Gruft; der wird mich auferwecken, der mich zum Grabe ruft.

3. Und riefe mich zu scheiden auch heute schon mein Gott, so folg' ich ihm mit Freuden und sterb' auf sein Gebot.

4. Des Lebens Kraft und Fülle welk' immerhin wie Laub, und dieses Leibes Hülle sei der Verwesung Raub!

5. In jenem bessern Leben, das ewiglich besteht, wird mich ein Leib umgeben, der nimmermehr vergeht.

6. Dann eil' ich dir entgegen, mein triumphirend Haupt! und ernte dann im Segen das Heil, das ich geglaubt.   Sturm.

Das Grab.

In langsamer, anhaltender Bewegung.

Nach **Fr. Methfessel**.

1. Ich weiss ein Ru - he - bet - te, wo nichts den Mü - den

weckt, es ist die Ru - he - stät - te mit Moos u. Kreuz bedeckt.

2. Da hat man ausgestritten
Der Leidenschaften Streit
Hat endlich ausgelitten
Des Lebens Weh' und Leid.

3. Kein unerfülltes Sehnen
Hebt mehr das bange Herz;
Getrocknet sind die Thränen
Und ausgeweint der Schmerz.

4. Getäuschte Hoffnung kränket
Hier nicht den Dulder mehr,
Ein Engel kommt und tränket
Mit Fried' ihn süss und hehr.

5. Wem ungestilltes Lieben
Die nassen Augen brach,
Dem, lang' umhergetrieben,
Kommt hier der Ruhetag.

6. Und aus der dunkeln Hülle
Die schaurig ihn umflicht,
Strömt Segen, Heil und Fülle,
Erquickung, Kraft und Licht.

7. Es werden seine Zähren
Zum Perlenkranz gereiht;
Versagen wird Gewähren
Und Hoffen Wirklichkeit.

Beruhigung.

Feierlich.

1. Ihr Trau - ernden, stil - let die Thrä - nen und hemmet das Jam-mern und Seh - nen! Wer woll-te verza - gend er-be - ben? das Grab ist das Thor zu dem Le - ben!

Choral.

Mel.: Christus, der uns selig macht etc.

1. Gebt dem To-de sei - nen Raub, lasst ihm sei - ne Ha - be!

Seelen werden nicht zu Staub, schlummern nicht im Gra - be.

Senket nur den Leichnam ein; lasst die Er-de rol - len:

wir, wir wollen dess uns freun, dass wir sterben sol - len.

2. Seht, da liegt der Todte nun in geweihter Stille! Lasst ihn, Freunde, lasst ihn ruhn! Es ist Gottes Wille. Weinet nicht! Er hat nun schon, was wir erst ersehnen. Ihn erweckt kein Klageton; trocknet eure Thränen!

3. Stimmet an das hohe Lied von der Auferstehung! vom Triumph dess, der verschied, von des Herrn Erhöhung! Fromme ruhn in seiner Hand, ruhn in sanftem Frieden. Er, der starb und auferstand, hat ihr Heil entschieden.

4. Wann er kommt, dem Donner gleich seine Stimm' erhebet: „Oeffnet, Gräber, öffnet euch! lebt, ihr Todten, lebet!" dann erschallt des Jubels Ton; jede Klage schweiget, wenn zu uns von seinem Thron er sein Antlitz neiget.

5. Saaten der Unsterblichkeit, modernde Gebeine! Bald verströmt auch unsre Zeit, ruft der Tod: erscheine! Ruft er uns; wir sind bereit. Wer des Lebens Gabe nützet für die Ewigkeit, zittert nicht am Grabe!   Pfranger.

Unsterblichkeit.

Choral.   Schulz.

1. { Gleich des Fel - des Blumen schwindet al - les Fleisch um - her;
   { Trau-ernd such der Freund und fin-det seinen Freund nicht mehr.

Vor dem welken' Greis am Sta - be sinkt der Jüngling

und der Kna - be; vor der Mut - ter sinkt in's Grab

oft die jun - ge Braut hin - ab.

2. Gleich des Feldes Blumen werde alles Fleisch verstäubt! Nur der Er-
denleib wird Erde; sein Bewohner bleibt! Ja, du lebst, Geliebte, lebest unter
Sternen, oder schwebest mitleidsvoll um deinen Freund, der an deinem Grabe
weint.

Voss.

Eine Hand voll Erde.

Mässig.   **Türk.**

1. Ei - ne Hand voll Er - de deckt mich einstens zu, wenn ich mü - de wer - de geh' zu mei - ner Ruh', dann stört mich kein Kummer, sanft in küh - ler Gruft schlaf' ich To - des - schlummer bis Je - ho - va ruft.

2. Eine Hand voll Erde soll mir heilig sein, mehr als Prunkbeschwerde von des Bildners Stein, schon mein Leben drückte mancher Tage Schmerz, und der Gram erstickte oft mein fröhlich Herz.

3. Eine Hand voll Erde wird zuletzt doch mir, ob ich hier Beschwerde litte für und für, ob mich Armuth quälte oder ob ich reich, ob ich Ahnen zählte, ist dann Alles gleich.

4. Eine Hand voll Erde wirft vielleicht mein Freund, traurig von Geberde, auf mein Grab und weint. Wenn ich den nur habe, der zum Hügel schleicht, o dann wird im Grabe Gottes Erde leicht.

Choral.

1. Auf - er - stehn, ja auf - er - stehn wirst du, mein Staub, nach kur - zer Ruh'! Un - sterblich's Le - ben wird, der dich schuf, dir ge - - ben. Hal - le - lu - jah!

2. Wieder aufzublühn, werd' ich gesä't! Der Herr der Erndte geht, und sammelt Garben uns ein, die wir hier starben! Hallelujah!

3. Tag des Danks! der Freudenthränen Tag! du meines Gottes Tag! wenn ich im Grabe genug geschlummert habe, erweckst du mich.

4. Wie den Träumenden wird's dann uns sein, mit Jesu geh'n wir ein zu seinen Freuden! der müden Pilger Leiden sind dann nicht mehr.

5. Ach, in's Allerheiligste führt mich mein Mittler. Dann leb' ich im Heiligthume, zu seines Namens Ruhme, in Ewigkeit.   Fr. Gottl. Klopstock.

Druck von Umlauf & Lüder in Leipzig.

Choral.

Mel.: Freu' dich sehr, o meine Seele etc.

1. { Wann ich einst von je - nem Schlum - mer, welcher Tod heisst,
   { frei von die - ses Le - bens Kum - mer, dort den schö - nen

auf - er - steh'; } o dann wach' ich anders auf, schon am
Mor - gen seh': }

Ziel ist dann mein Lauf! Träume sind des Pil - gers Sor - gen,

gros - ser Tag an dei - nem Mor - gen.

2. Hilf, dass keiner meiner Tage, Geber der Unsterblichkeit, wenn du
richtest, einst dir sage, er sei ganz von mir entweiht. Auch noch heute wacht'
ich auf: Dank 'dir, Herr! Zu dir hinauf führe jeder meiner Tage mich durch
jede Freud' und Plage;

3. Dass ich gern sie vor mir sehe, wann ihr letzter nun erscheint, wann
zum dunkeln Thal ich gehe, und mein Freund nun um mich weint. Lindre
dann des Todes Pein; lass mein End' ihm lehrreich sein, dass ich ihn zum Himmel weise, und dich, Herr des Todes, preise!   Klopstock.

Der Schlaf der Frommen.

Andante molto.

J. Weigl.

Die hier im Herrn entschlafen, nimm alle, Herr, in deinen Schoos; die

gros-se Leiden tra - fen, sie fan-den deine Gnad' auch gross. Drum

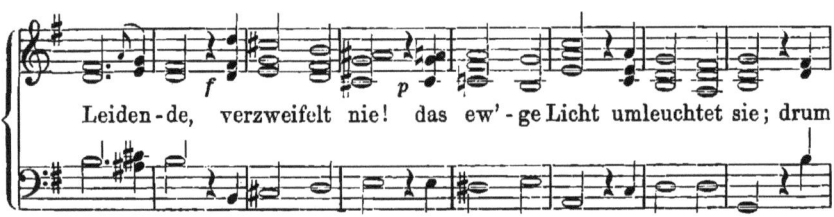

Leiden-de, verzweifelt nie! das ew'-ge Licht umleuchtet sie; drum

Leiden-de, verzweifelt nie! das ew'ge Licht umleuchtet sie.

Ped.

Gute Nacht.

1. Gu - te Nacht! Meine Wallfahrt ist vollbracht. Pa-ra-

die-ses Ruh' und Frieden säuseln um den Le - bensmüden.

Tod, wo ist nun deine Macht? Gu - te Nacht, gu - te Nacht!

2. Aufgethan liegt vor mir die Himmelsbahn. Mit der Macht der Erden-
leiden hat das Herz nicht mehr zu streiten, sei willkommen, Vaterhaus! Ruf
ich aus.

3. Angst und Müh' hat das Leben spät und früh. In der Leidenschaften
Wüthen kommt es nicht zu seinem Frieden; selig kann es hier nicht sein:
dort allein.

4. Gute Nacht; lebet wohl, die ihr noch wacht! Nicht so traurig meine
Freunde! Liebe, die uns hier vereinte, überlebt des Grabes Nacht. Gute Nacht!

5. Weinet nicht! Bleibt getreu des Lebens Pflicht; liebt das Wahre,
liebt das Gute, denn es schläft mit frohem Muthe nur der edle Mensch allein
ruhig ein!

Am Grabe eines Kindes.

Sehr mässig.

Dort seht ihr das Kindlein liegen, seht, wie schläft's so sanft und schön! Frü-he soll-te es schon siegen, durch den Tod zur Freu-de geh'n.

Seht, es lebt, ist hin-gegangen, wo die frommen See-len prangen! Weinet nicht, es lebt, es lebt, wei-net nicht, es lebt, es lebt.

Choral.

Mel.: Herzliebster Jesu, was hast du etc.

1. O welch ein Schmerz gleicht un - serm See - len - lei -
den, wenn die wir in - nig lieb - ten, von uns schei -
den! Wie schwer kann, wenn die Gu - ten uns ver -
las - sen, das Herz sich fas - sen.

2. Gott nahm sie uns: der Vater seinen Kindern! nur dieses kann den Schmerz der Sehnsucht lindern. Gott nahm sie uns: o, fallet dankend nieder; er giebt sie wieder.

3. Auch·Christus schied von Freunden, von Betrübten, die innig ihn, den Herrn und Meister, liebten. Er sprach: Ich will voran zum Vater gehen, euch wiedersehen.

4. So will ich denn mich dieses Wortes trösten. Der sie uns nahm, wählt Zeit und Stund' am besten. Ihm Preis und Ruhm! Euch, ihr entschlafnen Brüder, euch seh' ich wieder.

Wie sie so sanft ruhn.

Langsam.

1. Wie sie so sanft ruhn, al - le die Se-ligen, zu deren Wohnplatz jetzt meine See-le schleicht; wie sie so sanft ruhn in den Gräbern, tief zur Verwe - sung hinab ge - sen - ket.

2. Und nicht mehr weinen, hier wo die Klage flieht, und nicht mehr füh-len, hier wo die Freundschaft blüht, und mit Cypressen sanft umschattet, bis sie der Engel hervorruft, schlummern.

3. Wie wenn bei ihnen schnell, wie die Rosenpracht, dahin gesunken, modernd im Aschenkrug, spät oder frühe, Staub bei Staube, meine Gebeine begraben liegen. —

4. Und ging im Mondschein, einsam und ungestört, ein Freund vorüber, warm wie die Sympathie, und widmete dann meiner Asche, wenn sie's verdiente, noch eine Zähre. —

5. Und seufzete dann, der Freundschaft eingedenk, voll frommen Schauers, tief in dem Busen: Ach! wie sie so sanft ruhn! Ich vernähm' es: säuselnd erschien ihm dafür mein Schatten.

Aug. Cornel. Stockmann.

Grabgesang.

1. Se - lig die Tod - ten! sie ru - hen und ras - ten von drü - ckenden Sor - gen, von quä - len - den Las - ten, vom Jo - che der Welt und der Ty - ran - nei; das Grab, das Grab, macht al - lein nur frei, das das Grab macht al - lein nur frei. Grab

Chor: Friede den Entschlafenen.

Ignatius, Ritter von Seyfried.

Frie - de den Ent - schla - fe - nen. Seg' - ne

sie, o Herr, seg - ne sie, o Herr,

sen - de ih - nen Ru - he im küh - len Grab'.

Er - hö - re gnä - dig die Dei - nen.

Zu dir fle - hen wir in brünstigem Ge - bet.

Er - bar - me dich der Sün - der, die

fre - velnd spot - ten dein! Frie - de den Ent-

schla - fe - nen! Seg - ne sie, o Herr!

seg - ne sie, o Herr!

Weihnachten.

Choral.

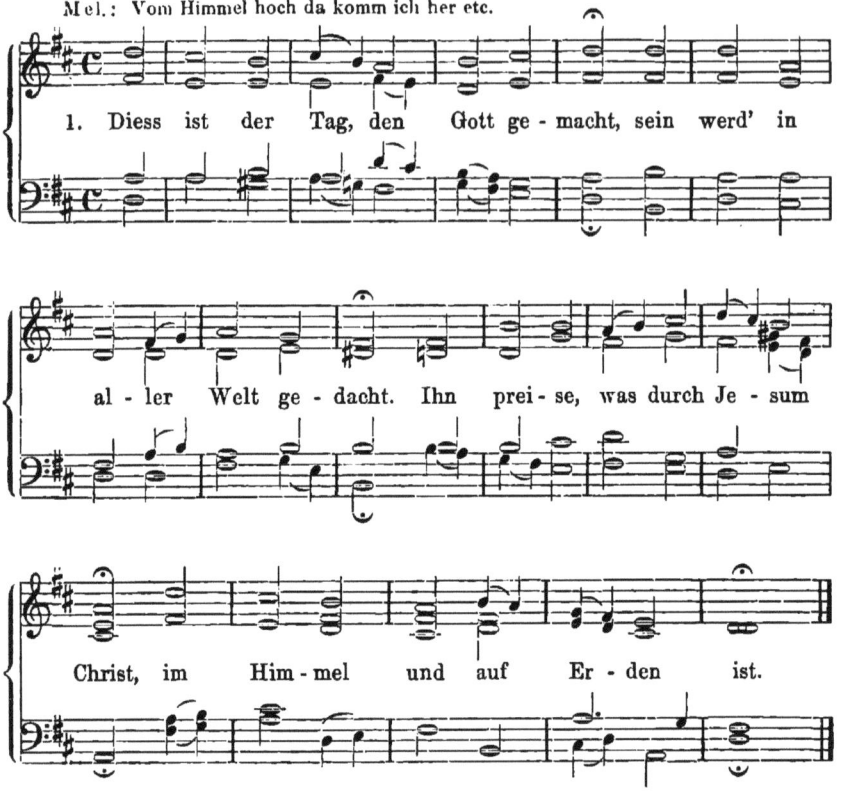

Mel.: Vom Himmel hoch da komm ich her etc.

1. Diess ist der Tag, den Gott ge-macht, sein werd' in al-ler Welt ge-dacht. Ihn prei-se, was durch Je-sum Christ, im Him-mel und auf Er-den ist.

2. Die Völker haben dein geharrt, bis dass die Zeit erfüllet ward; da sandte Gott von seinem Thron das Heil der Welt, dich, seinen Sohn.

3. Wenn ich dies Wunder fassen will, so steht mein Geist vor Ehrfurcht still; er betet an, und er ermisst, das Gottes Lieb' unendlich ist.

4. Damit der Sünder Gnad' erhält, erniedrigst du dich, Herr der Welt, nimmst selbst an unsrer Menschheit Theil, erscheinst im Fleisch und wirst uns Heil.

5. Dein König, Zion, kommt zu dir: „Ich komm'; im Buche steht von mir: Gott, deinen Willen thu' ich gern!" Gelobt sey, der da kommt im Herrn!

6. Herr, der du Mensch geboren wirst, Immanuel und Friedefürst, auf den die Väter hoffend sahn, dich, Gott, Messias, bet' ich an.

7. Du, unser Heil und höchstes Gut, vereinest dich mit Fleisch und Blut, wirst unser Freund und Bruder hier, und Gottes Kinder werden wir.

8. Gedanke voller Majestät: du bist es, der das Herz erhöht! Gedanke voller Seligkeit: du bist es, der das Herz erfreut!

9. Durch Eines Sünde fiel die Welt: ein Mittler ist's, der sie erhält. Was zagt der Mensch, wenn der ihn schützt, der in des Vaters Schoosse sitzt?

10. Jauchzt, Himmel, die ihr ihn erfuhrt, den Tag der heiligsten Geburt! und Erde, die ihn heute sieht, sing ihm, dem Herrn, ein neues Lied!

11. Diess ist der Tag, den Gott gemacht; sein werd' in aller Welt gedacht! ihn preise, was durch Jesum Christ im Himmel und auf Erden ist. Gellert.

Es ist ein' Ros' entsprungen.

Prätorius. 1609.

1. Es ist ein' Ros' entsprungen aus einer Wur - zel zart,
Wie uns die Al - ten sun - gen, von Jesse kam die Art,

und hat ein Blümlein bracht mitten im kal - ten Win-

ter, wohl zu der hal - ben Nacht.

2. Das Röslein, das ich meine, davon Jesaias sagt, hat uns gebracht alleine Maria die reine Magd. Aus Gottes ew'gem Rath hat sie ein Kind geboren, wohl zu der halben Nacht.

3. Das Röselein so kleine, das duftet uns so süss, mit seinem hellen Scheine vertreibt's die Finsterniss. Wahr' Mensch und wahrer Gott, hilft uns aus allen Leiden, rettet von Sünd' und Tod.

4. O Jesu, bis zum Scheiden aus diesem Jammerthal, lass dein' Hülf' uns geleiten hin in den Freudensaal, in deines Vaters Reich, da wir dich ewig loben: o Gott, das uns verleih'!

Weihnachtslied.

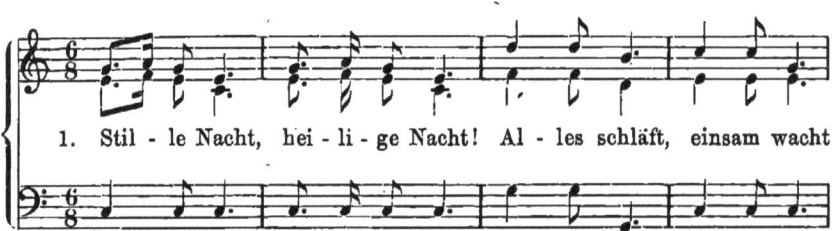

1. Stil - le Nacht, hei - li - ge Nacht! Al - les schläft, einsam wacht

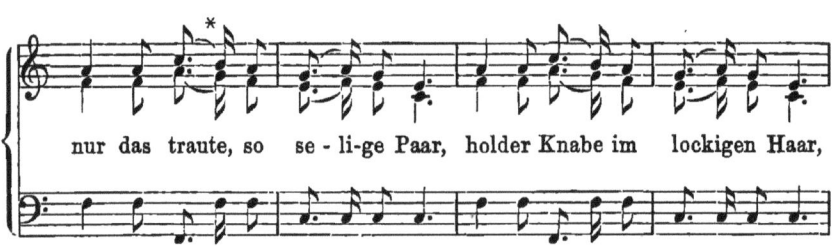

nur das traute, so se - li-ge Paar, holder Knabe im lockigen Haar,

schlaf in himmlischer Ruh', schlaf in himmlischer Ruh'.

2. Stille Nacht, heilige Nacht! Hirten erst kund gemacht, durch der Engel Hallelujah, tönt es laut von fern und nah: Christ, der Retter, ist da! Christ, der Retter, ist da!

3. Stille Nacht, heilige Nacht! Gottes Sohn, o wie lacht Lieb aus deinem göttlichen Mund, da uns schlägt die rettende Stund, Christ, in deiner Geburt, Christ, in deiner Geburt.

* Die angegebenen Schleifungen kommen theils beim zweiten, theils beim dritten Vers in Anwendung.

Wir haben einen Hirten.

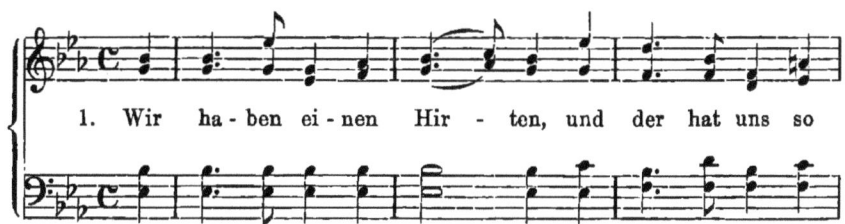

1. Wir ha - ben ei - nen Hir - ten, und der hat uns so

lieb; das E - lend der Ver - irr - ten ihn auf die Er - de

trieb, ihn auf die Er - de trieb.

2. Dass wir den Heiland finden,
Ergriff uns seine Hand;
Sonst ging es uns wie Blinden
|: In einem fremden Land. :|

3. Er will uns treu bewahren,
Der treue Kinderfreund;
Wir sollen einst erfahren,
|: Wie gut er es gemeint. :|

4. Wir preisen dein Erbarmen,
Du treues Hirtenherz!
Halt uns in deinen Armen,
|: Und führ' uns himmelwärts. :|

Einst unser Herr auf Erden war.

1. Einst un - ser Herr auf Er - den war, uns hergesandt von Gott, der

war ein Ret - ter in Gefahr, ein Helfer in der Noth.

2. Er zog umher von Haus zu Haus in niedriger Gestalt und eine Kraft ging von ihm aus, die heilete die Welt. —

3. Wer elend war, blieb schüchtern stehn, und klagte ihm sein Leid; ein Wort, ein Blick — dann war's gescheh'n! Das war 'ne sel'ge Zeit.

4. Wie kamen sie doch, jung und alt, auf Bett' und Bahr' zu ihm, und gingen Alle alsobald geholfen wieder heim.

5. Geholfen gingen sie davon und fröhlich All' und frisch: der Knecht der blindgeborne Sohn, das Hündlein unterm Tisch.

6. Der arme Knabe, taub und stumm, Jairus Töchterlein, der durch's Dach zu Capernaum im Bette kam herein.

7. Und jene Frau, die all' ihr Gut mit Aerzten schier verthan; sie hatte nicht zu sprechen Muth, und rührte heimlich an.

8. Sie stand und stand und wagt es kaum und trat von hinten her, und rührte an des Kleides Saum und hatte ihr Begehr.

9. O wär' er hier doch, dieser Mann, wir liefen gleich zur Stund auch hin zu ihm, und rührten an; dann wären wir gesund. — Claudius.

Choral.

1. Mei - nen Je - sum lass ich nicht, weil er sich für
   sollt' ich nicht aus Dank und Pflicht an ihm han - gen,

mich ge - ge - ben;
in ihm le - ben?
Er ist mei - nes Lebens Licht:

mei - nen Je - sum lass ich nicht.

2. Meinen Jesum lass ich nicht bis an meines Lebens Ende, und voll Glaubenszuversicht geb' ich mich in seine Hände. Herz und Mund mit Freuden spricht: meinen Jesum lass ich nicht.

3. Lass vergehen mein Gesicht, aller Sinne Kraft entweichen; lass das letzte Tageslicht dem gebrochnen Aug' erbleichen! Wenn des Leibes Hütte bricht, meinen Jesum lass ich nicht.

4. Ich werd' ihn auch lassen nicht, wenn ich nun dahin gelanget, wo vor seinem Angesicht aller Frommen Glaube pranget. Ewig glänzt mir dort sein Licht: meinen Jesum lass ich nicht.

5. Nicht nach Welt, nach Himmel nicht, nur nach ihm mein Herz sich sehnet: Jesum such' ich und sein Licht, der mich hat mit Gott versöhnet, der mich frei macht vom Gericht. Meinen Jesum lass ich nicht.

6. Jesum lass ich nicht von mir, ewig bleib' ich ihm zur Seiten; Jesus wird mich für und für zu den Lebensbächen leiten. Selig, wer von Herzen spricht: meinen Jesum lass ich nicht!

Keymann.

Sehnsucht.

Voigtländer.

1. Lasst mich gehn, lasst mich gehn, dass ich Je-sum mö-ge sehn! Meine Seel' ist voll Ver-langen, ihn auf e-wig zu um-fan-gen und vor sei-nem Thron zu stehn.

2. Süsses Licht, süsses Licht, Sonne, die durch Wolken bricht! O wann werd' ich dahin kommen, dass ich dort mit allen Frommen schau dein holdes Angesicht!

3. Ach, wie schön, ach, wie schön ist der Engel Lobgetön'! Hätt' ich Flügel, hätt' ich Flügel, flög' ich über Thal und Hügel heute noch nach Zions Höh'n.

4. Wie wird's sein, wie wird's sein, wenn ich zieh in Salem ein, in der Stadt der goldnen Gassen, Herr, mein Gott, ich kann's nicht fassen, was das wird für Wonne sein.

6. Paradies, Paradies, wie ist deine Frucht so süss! Unter deinen Lebensbäumen wird uns sein, als ob wir träumen: bring uns, Herr, in's Paradies!

Knak.

Liebe zu Christo.

Feierlich.

1. Einer ist es, den ich liebe, Einem bleib' ich e-wig

Einzelne, vom Chor wiederholt.

treu, Einem bleib' ich e-wig treu. Ob in sei-ner

Näh' ich bliebe, ob's mich in die Fer-ne triebe, Einem

bleib' ich e-wig treu, Einem bleib' ich e-wig treu.

2. Soll ich seinen Namen nennen? |: Kennt ihr euren Heiland nicht? :|
Lasst mich Jesum Christum nennen, von ihm soll mich nichts mehr trennen,
|: kennt ihr euren Heiland nicht? :|

3. Und er bleibt es, den ich liebe, |: Jesu bleib' ich ewig treu, :| ob ich
ohne Trübsal bliebe, ob der Leib in Staub zerstiebe, |: Jesu bleib' ich ewig treu. :|

Chor.

Luc. 2, 14.

Moderato.   F. Silcher.

Eh - re,   Eh - re,   Eh - re sei Gott in der   Hö - he und

Frie - de auf Erden,   und den Menschen ein   Wohlge - fal -

len, und den Menschen ein   Wohl - ge - fal - len!   Eh - re sei

in der Hö - he,   in der Hö -

Gott! — —   Eh - re sei Gott —

he,

und Frie - de auf Er - den, und Frie - de auf Er - den, und den

Menschen ein Wohl - ge - fal - len! Eh - re, Eh - re,

Ehre sei Gott in der Hö - he und Friede auf Erden und den Menschen ein

Wohlge - fal - len, und den Menschen ein Wohlge - fal - len!

Festlied.

Mässig.

f 1. O du fröh - li - che, mf o du se - li - ge

cresc. gna - den - brin - gen - de Weih - nachts - zeit. p Welt ging ver-

mf lo - ren, Christ war ge - bo - ren, freu - e,

freu - e dich, o Chri - sten - heit.

2. O du fröhliche, o du selige, gnadenbringende Osterzeit! Welt lag in Banden, Christ ist erstanden, freue, freue dich, o Christenheit!

3. O du fröhliche, o du selige, gnadenbringende Pfingstenzeit! Christ, unser Meister, heiligt die Geister, freue, freue dich, o Christenheit!

Wenn ich ihn nur habe.

Nicht zu langsam.

Luise Reichardt.

1. Wenn ich ihn nur ha - be, wenn er mein nur ist, wenn mein Herz bis hin zum Gra - be seine Treue nie vergisst, weiss ich nichts vom Lei - de, fühle nichts als Andacht, Lieb' und Freu - de.

2. Wenn ich ihn nur habe, lass ich alles gern, folg an meinem Wanderstabe treu gesinnt nur meinem Herrn; lasse still die Andern, breite, lichte, volle Strassen wandern.

3. Wenn ich ihn nur habe, schlaf' ich fröhlich ein; ewig wird zu süsser Labe seines Herzens Fluth mir sein, die mit sanftem Zwingen Alles wird erreichen und durchdringen.

4. Wenn ich ihn nur habe, hab' ich auch die Welt, selig wie ein Himmelsknabe, der der Jungfrau Schleier hält. Hingesenkt im Schauen, kann mir vor dem Irdischen nicht grauen.

5. Wo ich ihn nur habe, ist mein Vaterland, und es fällt mir jede Gabe wie ein Erbtheil in die Hand; längst vermisste Brüder find' ich nun in seinen Jüngern wieder.

Jesus, der gute Hirte.

Langsam.

1. Weil ich Je - su Schäf - lein bin, freu' ich mich doch im - mer - hin ü - ber mei - nen gu - ten Hirten, der mich wohl weiss zu be - wirthen, der mich lie - bet, der mich kennt, und bei mei - nem Na - men nennt.

2. Unter seinem sanften Stab geh' ich aus und ein und hab' unaussprechlich süsse Weide, dass ich keinen Mangel leide; und so oft ich durstig bin, führt er mich zum Brunnquell hin.

3. Sollt' ich denn nicht fröhlich sein, nun ich sein bin und er mein? denn nach diesen schönen Tagen werd' ich endlich hingetragen in des Hirten Arm und Schooss; Amen, ja mein Glück ist gross.

Weihnachtslied.

Ihr Kinder-lein kommet, o kommet doch all'! zur Krippe her
kommet in Bethlehem's Stall, und seht, was in dieser hochhei-ligen
Nacht, der Va-ter im Himmel für Freude uns macht!

Kinderlieder.

I.

1. Ich bin ein kleines Kinde-lein, und mei-ne Kraft ist
schwach; ich möchte ger-ne se-lig sein, und weiss nicht, wie ich's
mach', und weiss nicht, wie ich's mach'.

2. Ach, lieber Jesu, sage du: wie fang' ich es doch an, dass ich mein' Sünden von mir thu', und selig werden kann!

II.

Silcher.

1. Wen Je - sus liebt, wen Je - sus liebt, der

kann allein recht fröhlich sein und nie be - trübt.

2. |: Im Himmel hoch, :| auf Gottes Thron liebt Gottes Sohn die Seinen doch.

3. |: Und giebt und schenkt :| der Gaben viel ohn' Maass und Ziel, und sorgt und denkt.

4. |: Und liebt auch mich, :| giebt auf mich Acht; drum Tag und Nacht so froh bin ich.

III.

1. Du lie - ber, heil'-ger, frommer Christ, der für uns

Kin - der kommen ist, da - mit wir sol - len weiss und

rein, und rech - te Kin-der Got - tes sein!

2. Du Licht, vom lieben Gott gesandt in unser dunkles Erdenland, du Himmelskind und Himmelsschein, damit wir sollen himmlisch sein!

3. Du lieber, heil'ger, frommer Christ! weil heute dein Geburtstag ist, drum ist auf Erden weit und breit bei allen Kindern frohe Zeit.

4. O segne mich! ich bin noch klein, o mache mir das Herze rein! O bade mir die Seele hell in deinem reichen Himmelsquell.

5. Dass ich wie Engel Gottes sei, in Demuth und in Liebe treu; dass ich dein bleibe für und für, du heil'ger Christ, das schenke mir!   E. M. Arndt.

Immer muss ich wieder lesen.

L. Reichardt.

1. Im - mer muss ich wie - der le - sen, wie - der le - sen,

in dem al - ten heil'- gen Buch, wie er ist so sanft ge - wesen,

oh - ne List und oh - ne Trug.

2. Wie er hiess die Kindlein kommen, wie er hold sie angeblickt, und sie auf den Arm genommen, und sie an sein Herz gedrückt.

3. Wie er Hülfe und Erbarmen allen Kranken gern erwies und die Blinden und die Armen seine lieben Brüder hiess.

4. Wie er keinem Sünder wehrte, der bekümmert zu ihm kam, wie er freundlich ihn bekehrte, ihm den Tod vom Herzen nahm.

5. Immer muss ich wieder lesen, les' und weine mich recht satt, wie er ist so treu gewesen, wie er uns geliebet hat.

6. Hat die Heerde sanft geleitet, die sein Vater ihm verlieh'n, hat die Arme ausgebreitet, Alle an sein Herz zu zieh'n.

7. Lass mich knie'n zu deinen Füssen, Herr, die Liebe bricht mein Herz, lass in Thränen mich zerfliessen, selig sein in Wonn' und Schmerz.

Louise Hensel.

Choral.

1. Es kam ein En - gel, hell und klar, vom Himmel zu der Hir - tenschaar; sie beb'-ten vor dem Got - tes- licht, er a - ber sprach: „O fürch - tet nicht!"

2. „Wisst, grosses Heil verkünd' ich euch, der Sohn des Höchsten ward euch gleich: geboren ist in Davids Stadt, er, der des Lebens Fülle hat."

3. Er spricht's, entschwebt und ihn umringt ein strahlend Chor, das Gott lobsingt; es jauchzt der Himmel sel'ges Heer: „Gott in der Höhe, Gott sei Ehr'."

4. „Und Friede auf der Erde hier für alle Menschen für und für, die eines guten Willens sind, durch Deinen Segen, göttlich Kind!"

5. Anbetend stammeln ihren Dank die Hirten in den Preisgesang, erheben freudig sich und geh'n nach Bethlehem ihr Heil zu seh'n.

6. Wir wollen uns des Heiles freu'n und Gott von Herzen dankbar sein, den Sohn verehren, lieben ihn, der uns zum Trost' als Mensch erschien.

Chor.

Matth. 21, 9.

H. Diederichsen.

Ho - si - an - na! Ho - si - an - na! Ge - lo - bet sei, der da
kommt! Ho - si - an - na! Ho - si - an - na! Ge - lo - bet sei, der da
kommt! Ho - si - an - na! Ho - si - an - na! Ho - si - an - na! Ho - si -
an - na! Ge - lo - bet sei, der da kommt! Ho - si - an - na! Ho - si -

an - na! Ho-si - an - na! Ho-si - an - na! Ge - lo-bet sei, der da

kommt!   Der da

der da kommt in dem Namen des Herrn!

kommt in dem Namen des Herrn!

Der da   kommt in dem Namen des

der da kommt in dem Namen des Herrn! Ho - si-

Herrn!

an - na! Ho - si - an - na! Ge - lo - bet sei, der da

kommt! Ho - si - an - na! Ho - si - an - na! der da

kommt in dem Na - men des Herrn! im Na - men des

Herrn, im Na - men des Herrn.

Neujahr.

Choral.

1. Wie schnell ist doch dies Jahr ver - gan - gen! schon ist ein neues an - ge - fan - gen. Auf dich, o Gott, soll ganz al - lein mein Herz und Sinn ge - richtet sein.

2. Du hast das Daseyn mir gegeben, nur dir allein gehört mein Leben. Dein ist die Kraft, dein ist die Zeit: nur deinem Ruhm sei sie geweiht.

3. O stärke, Vater, mein Verlangen, an deinem Willen festzuhangen. Vollführe du, was ich nicht kann, und leite mich auf ebner Bahn.

4. Und wank' ich, oder sink' ich nieder, o so erhebe du mich wieder! Hilf gnädig meiner Schwachheit auf, und fördre kräftig meinen Lauf.

5. Lass, Herr, dein himmlisch Reich auf Erden auch unter uns verbreitet werden. Bedeck' mit deiner treuen Hand den König und das Vaterland.

6. Lass Alle, die die Welt regieren, mit Weisheit ihre Scepter führen. Ihr Thun sei nur Gerechtigkeit; nur Friede, was ihr Mund gebeut.

7. Lass treue Hirten, fromme Heerden, ein Herz und eine Seele werden, dass wahrer Glaub' und Liebestreu' die Zierde deiner Kirche sei.

8. Die Aeltern, die heut' zu dir flehen, lass Freud' an ihren Kindern sehen, und mach' durch deines Geistes Kraft sie Alle weis' und tugendhaft.

9. Erfreue, Gott, durch deinen Segen, die standhaft gehn auf deinen Wegen! Zeig' deinen Arm, der Schwache trägt, und freche Sünder niederschlägt.

10. Erhöre das Gebet der Deinen! Lass nicht umsonst das Elend weinen! Send' eilend Jedem Hülf' und Rath, der keinen Freund und Retter hat!

11. Auf dich soll stets mein Auge schauen; auf dich, Herr, soll mein Herz vertrauen. Bist du mein Freund und höchstes Gut, so wird mein Glaube Heldenmuth.

12. Zu meinem Heil und dir zum Preise setz' ich dann fort die Pilgerreise, bis mir am Ziele meiner Bahn dein Vaterhaus wird aufgethan.

13. Die Sonne gehet auf und nieder; ein Jahr vergeht, ein Jahr kommt wieder: nur du, der Quell des Lebens ist, nur du bleibst ewig, der du bist!

Neujahrslied.

Moderato.
Solo.

P. Schulz.

1. Des Jahres letzte Stun - de er - tönt mit ernstem Schlag: Trinkt,

Brüder, in die Runde, und wünscht ihm Segen nach. Zu

jenen grauen Jahren entflieht es, welche waren; es brachte Freud' und

Kummer viel, und führt uns näher an das Ziel. Ja, Freud' und Kummer

bracht' es viel, und führt uns näher an das Ziel.

2. In stetem Wechsel kreiset die flügelschnelle Zeit; sie blühet, altert, greiset, und wird Vergessenheit; kaum stammeln dunkle Schriften auf ihren morschen Grüften. Und Schönheit, Reichthum, Ehr' und Macht sinkt mit der Zeit in öde Nacht. Chor: Und Schönheit, etc.

3. Sind wir noch alle lebend wer heute vor dem Jahr in Lebensfülle strebend, mit Freunden fröhlich war? Ach, mancher ist geschieden und liegt und schläft in Frieden! Klingt an, und wünschet Ruh' hinab in unsrer Freunde stilles Grab. Chor: Klingt an, etc.

4. Wer weiss, wie mancher modert um's Jahr versenkt in's Grab! Unangemeldet fodert der Tod die Menschen ab. Trotz lauem Frühlingswetter wehn oft verwelkte Blätter. Wer von uns nachbleibt wünscht dem Freund im stillen Grabe Ruh', und weint. Chor: Wer nachbleibt, wünscht dem lieben Freund etc.

5. Der gute Mann nur schliesset die Augen ruhig zu; mit frohem Traum versüsset ihm Gott des Grabes Ruh'. Er schlummert kurzen Schlummer nach dieses Lebens Kummer; dann weckt ihn Gott, von Glanz erhellt, zur Wonne seiner bessern Welt! Chor: Dann weckt uns Gott, etc.

6. Auf, Brüder, frohen Muthes, auch wenn uns Trennung droht! Wer gut ist, findet Gutes, im Leben und im Tod! Dort sammeln wir uns wieder und singen Wonnelieder! Klingt an und: Gut sein immerdar! Sei unser Wunsch zum neuen Jahr! Chor: Gut sein, ja gut sein immerdar! Zum lieben frohen neuen Jahr!

J. H. Voss.

Neujahrsgesang.

1. Dich grüssen freundlich un - sre Lie - der, ge-

lieb - tes neu - es Jahr! das un - ter Schmerz und

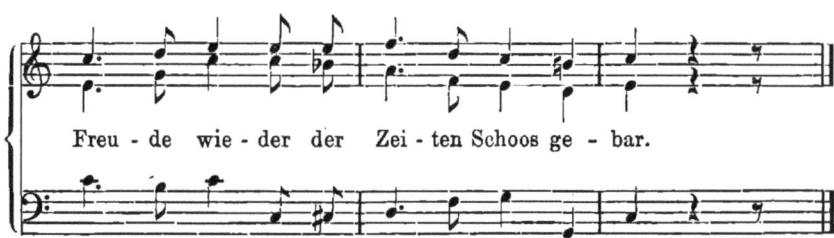

Freu - de wie - der der Zei - ten Schoos ge - bar.

2. Wohl Mancher sah dir froh entgegen
Mit hoffnungsvollem Blick;
Doch, ach! des frühen Todes wegen,
Ward ihm nicht dieses Glück.

3. Wir danken Gott, das wir noch leben,
Und froh ist unser Herz:
Er wolle Heil uns ferner geben
Und wenden Leid und Schmerz.

Neujahrslied.

1. Das al - te Jahr ver - gan - gen ist; wir dan - ken dir, Herr Je - su Christ, dass du uns in Noth und Ge - fahr be - hü - tet hast dies gan - ze Jahr.

2. Hilf das wir von der Sünd' abstehn; auf rechten Wegen lass uns gehn;
und unsrer Schulden nicht gedenk'; ein gnadenreich Neujahr uns schenk':

3. Zu danken und zu loben dich mit allen Engeln ewiglich. O Jesu!
unsern Glauben mehr' zu deines Namens Lob und Ehr'.

Choral.

Mel.: Nun freut euch etc.

1. Heut öff-net sich die neu-e Bahn auf mei-nes
   Froh tret' ich mei-ne Wallfahrt an, nach frommer

Le-bens Rei - se.
Pil-ger Wei - se. Herr, mit Ge-bet und

mit Ge-sang be-ginn ich mu-thig mei-nen

Gang; du wirst mich si-cher lei - ten.

2. Mich schrecket nicht der Zukunft Nacht, die meinen Pfad umhüllet; ich weiss, dass einst durch deine Macht mir Licht aus Nächten quillet. Jetzt fass' ich deinen Rathschluss nicht: doch einst, verklärt in deinem Licht, werd' ich ihn ganz verstehen.

3. Rauh oder eben sei mein Pfad, ich will ihn freudig gehen; denn deiner Liebe weiser Rath hat ihn für mich ersehen. Giebst du mir Freude, giebst du Noth, giebst du mir Leben oder Tod, es wird zum Heil mir dienen.

4. Mein Ziel sei nahe oder fern, das soll mein Herz nicht quälen; dir, meinem Gott und meinem Herrn, dir will ich mich befehlen. In deiner Hand steht meine Zeit; lass mich den Weg zur Ewigkeit nur selig einst vollenden.

7 * Sturm.

Chor: Der Mensch lebt und bestehet.

H. G. Nägeli.

Der Mensch lebt und be - ste - het nur ei - ne klei - ne

Zeit, und al - le Welt ver - ge - het mit ih - rer Herrlich-

keit. Nur Ei - ner der ist e - wig und an al - len

En - den, und wir in seinen Hän - den.

Und der ist allwissend,

(Für Gesang werden im Bass die kleinen Noten genommen.)

Der 100. Psalm.

Mel.: Gott des Himmels und der Erden etc.

1. Jauchzt dem Herrn, ihr Men-schen Al - le, seid zu
   Kommt vor Ihn mit Ju - bel - schal - le, die - net

sei - nem Lob be - reit,
Ihm mit Freudig - keit. } wisst, der Herr ist Gott al - lein,

Sein soll Preis und Eh - re sein.

2. Dass von Ihm uns nichts mehr scheide, macht Er, — Ihm gebührt
der Ruhm, uns zu Schafen seiner Weide, und zu seinem Eigenthum. Lobend,
dankend, wahr und rein geht zu seinen Thoren ein!

3. Dankt Ihm, lobet seinen Namen; freundlich ist sein Angesicht, und
sein Wort ist Ja und Amen! Seine Gnade endet nicht. Wisst, der Herr ist Gott
allein, Sein soll Preis und Ehre sein!

F. A. Koethe.

Passionszeit.

Am 3. Sonntage in der Fasten, Oculi.

Langsam. Lucä 11, 28. Ludwig Hellwig.

Se - lig, se - lig, selig sind, die Gottes Wort hören und be-
wah - ren. Se - lig, se - lig, selig sind, die Gottes Wort
hö - ren und be - wah - ren. Se - lig,
Se - lig, Se - lig,
se - lig sind, die Got - tes Wort hö - ren und be - wah - ren.

Se - lig, se - lig, se - lig sind, die Got - tes Wort

hö-ren und be - wah - ren. Se - lig, se - lig!

Choral.

1. { O Haupt voll Blut und Wun - den, voll
   O Haupt, zum Spott ge - bun - den mit

Schmerz und vol - ler Hohn! } O Haupt, sonst schön ge-
ei - ner Dor - nen - kron'!

krö - net mit höchster Ehr' und Zier, jetzt a - ber tief ver - höh - net: ge - grüss't seist du mir!

2. Du edles Angesichte, das sonst, der Sonne gleich, gestrahlt im hellsten Lichte, wie bist du nun so bleich! Dein Auge, dessen Flamme die Welt entzündet hat, wie blickt vom Kreuzesstamme es nun so trüb und matt!

3. Die Farbe deiner Wangen und deiner Lippen Roth, wie sind sie ganz vergangen in deiner Todesnoth! Was hat dem Tod gegeben, o Jesu, diese Macht, dass er dein heilig Leben versenkt in seine Nacht?

4. Ach Herr, was du erduldet, ist Alles meine Last! Von mir ist das verschuldet, was du getragen hast. Schau' her, hier steh' ich Armer, der Zorn verdienet hat: gieb mir, o mein Erbarmer, den Anblick deiner Gnad'!

5. Erkenne mich, mein Hüter, mein Hirte nimm mich an! Von dir, Quell aller Güter, ist mir viel Gut's gethan. Oft hast du mich gelabet, mit Himmelsbrod gespeist; mit Trost mich reich begabet durch deinen freud'gen Geist.

6. Ich will hier bei dir stehen: verachte mich doch nicht! von dir will ich nicht gehen, wenn dir dein Herze bricht. Und wird dein Haupt erblassen vom letzten Todesstoss, will ich im Geist dich fassen in meinen Arm und Schoos.

7. Es dient zu meinen Freuden und thut mir herzlich wohl, wenn ich in deinem Leiden, mein Heil, mich finden soll. Ach könnt' ich, o mein Leben! an deinem Kreuze hier mein Leben von mir geben: wie wohl geschähe mir!

8. Ich danke dir von Herzen, o Jesu, liebster Freund, für deine Todesschmerzen, da du's so gut gemeint! Ach gieb, dass ich mich halte zu dir und deiner Treu'; und wenn ich nun erkalte, in dir mein Ende sei!

9. Wenn ich einmal soll scheiden, so scheide nicht von mir! Wenn ich den Tod soll leiden, so tritt du dann herfür! Wenn mir am allerbängsten wird um das Herze sein, so reiss mich aus den Aengsten kraft deiner Angst und Pein!

10. Erscheine mir zum Schilde in meiner letzten Noth, und lass an deinem Bilde mich finden Trost im Tod: da will ich nach dir blicken; da will ich glaubensvoll fest an mein Herz dich drücken. Wer so stirbt, der stirbt wohl.

Gerhard. (Paul.)

Charfreitags-

(Stabat mater

1. Seht die Mut - ter dort voll Schmerzen, wei - nend mit zer-
2. Seht in tie - fem Gram ver - lo - ren, den vor Al - len

3. Was ist oh - ne ihn ihr Le - ben? nein, sie kön - nen
4. Sei - ner Lie - be Se - gen er - ben, mit ihm lei - den,
5. Er er - ken - net bald die Sei - nen, hört ihr Kla - gen,
6. In den letz - ten Kreu-zes - stun - den, fühlt er nicht mehr
7. Trö - stend bli - cket er her - nie - der, legt sein theu-res
8. Weib, so spricht er, nicht mehr Mut - ter, du bist die - ses
9. Al - ler Er - den - sorg' ent - ho - ben, wen - det sich sein
10. Sieht am Ziel sein Werk ver - klä - ret, sieht den letz - ten
11. Nein, nicht trost-los, nicht ver - las - sen, sahn, Voll - en - der,
12. Wei - he, Herr, auch un - sre Her - zen durch dein Licht, das

13. Dei - ne Jün - ger, die mit Freu - den Thrä-nen trock-nen,
14. Die, gleich dir, in eig - ner Pla - ge, trö - stend stil - len
15. Wenn ich recht die Mei - nen lie - be, red - lich sor - ge,
16. Hab' ich schon die Hand ge - fun - den, die auf mei - ne
17. Treu der Heil'-gung nach - zu - ja - gen, treu das Kreuz dir
18. Leuch-tet da - zu mir dein Le - ben, wird dein Tod mir
19. Ach, wie du zu - rück dann schau - en, kann ich nicht, doch
20. Treu - e rüh - met sich der Gna - de, spricht mit dir am
21. O, der du die Dei - nen ken - nest, Bru - der Mut - ter,
22. Bist ihr Freu - den - quell im Lei - den, bist ihr Schirm und

Gesang.

dolorosa.)

Giovanni Maria Nanini.

riss - nem   Her - zen,   zu   des   Soh - nes   Kreu-ze   gehn!
er   er - ko - ren,   sei - nen   Jün - ger   bei   ihr   stehn!

nicht er - be - ben,   dem Ge - treu-en   treu zu   sein.

mit ihm   ster - ben,   ist   für   sie   noch   Trost al - lein.

sieht ihr   Wei - nen,   sieht durch - bohrt der   Mut - ter   Herz.

eig - ne   Wun-den,   fühlt nur   der   Ver - lass - nen   Schmerz.

Er - be   nie - der,   giebt der   Treu - e˙   ew' - gen   Lohn.

Jün - gers   Mut-ter,   du,   mein   Jün - ger,   bist   ihr   Sohn.

Geist nach   o - ben,   sieht er - hellt die   dunk - le   Nacht.

Kelch ge - lee - ret,   Je - sus   ruft: es   ist   voll - bracht.

dich er - blas-sen,   sie, die   du   so   treu   ge - liebt.

Freud' in   Schmerzen,   Him - mels - ruh'   im   Ster - ben   giebt.

und im   Lei - den   den Be - dräng-ten   gern er - freun,

frem - de   Kla - ge,   kön - nen   nie   ver - las - sen   sein.

Sanft-muth   ü - be,   treu das   Herz dem   Freun - de   schlägt,

letz - ten   Wunden   sanft der   Lie - be   Bal - sam   legt.

nach - zu - tra - gen,   treu zu   wir - ken   vor   der   Nacht:

Muth einst   ge - ben,   wenn mein   Lauf   nun   ist   voll - bracht.

mit Ver - trau-en,   wenn das   Herz nur   treu   mich heisst.

letz - ten   Pfa - de: Gott, em - pfan - ge   mei - nen   Geist!

Freund sie   nen - nest,   du   bist   selbst ihr   Trost und   Heil,

Fels im   Scheiden,   e - wig,   e - wig   dort   ihr   Theil.

Choral.

Mel.: O Traurigkeit etc.

1. Am Kreuz er - blasst, von Mar - ter - last, von To - des-
qua - len mü - de, fin - det mein Er - lö - ser
nun in dem Gra - be Frie - de.

2. Ein heil'ger Schmerz durchdringt mein Herz. O Herr, was kann ich sagen? Nur an meine Brust kann ich voller Wehmuth schlagen.

3. Du schirmest mich; und über dich gehn aller Trübsal Wetter. Sterben wolltest du für mich, einziger Erretter!

4. Du hast's gethan. Dich bet' ich an, du König der Erlösten! Dein will ich im Tode mich glaubensvoll getrösten.

5. Es ist vollbracht! riefst du mit Macht. Du zeigst, dass du dein Leben, mein Versöhner, göttlich frei für uns hingegeben.

6. Hochheil'ge That! des Höchsten Rath will ich in Demuth ehren. Der Vollender selber wird ihn in mir verklären.

7. Allmächtig rief er, der entschlief, den Todten: sie erstanden. Leicht entschwingt der Lebensfürst sich den Todesbanden.

8. Das finstre Thal will ich einmal durchwandeln ohne Grauen; denn es wird durch deinen Tod mir ein Weg zum Schauen.

9. Ich preise dich. Erforsche mich und siehe, wie ich's meine. Ja, du siehst es, wenn ich still meinen Dank dir weine.

10. Herr, ich bin dein; du wollest mein in Ewigkeit gedenken! Ganz will ich aus Herzensgrund mich in dich versenken.   Neander (Christ. Friedr.)

O bone Jesu.

Giovanni Pierluigi da Palestrina.

O gu - ter Je - su, er - bar-

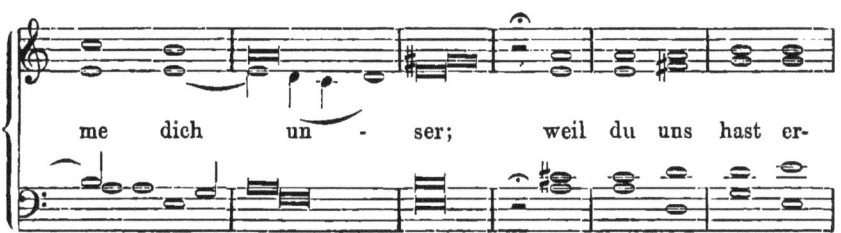

me dich un - ser; weil du uns hast er-

hast du

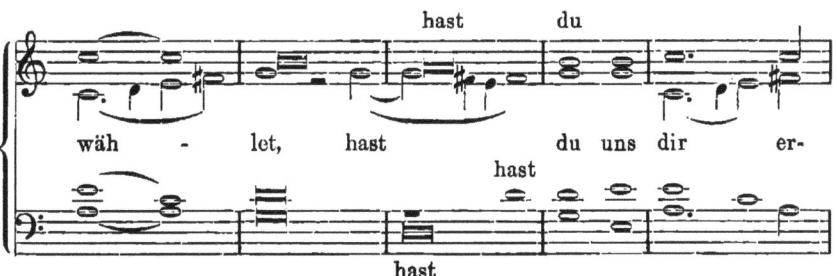

wäh - let, hast du uns dir er-

hast

hast

Blut, dein theu - res Blut.

kauft durch dein Blut, dein theu-res Blut, dein theu - res Blut.

Passions-Choral.

Harmonisirt von **Carl Heinrich Graun.**

Du, dessen Au-gen flos - sen, so bald sie Zi - on

sahn, zur Fre-vel-that ent - schlos - sen, sich seinem

Fal-le nah'n, wo ist das Thal, die Höh - le, die, Je - su!

dich ver-birgt? Ver-fol-ger sei-ner See - le, habt

schon er - würgt?

ihr ihn schon er-würgt? habt ihr ihn schon er - würgt?

schon er - würgt?

Chor. Am Charfreitage.

J. Chr. Fr. Schneider.

Mit Wehmuth.

Ach, bis zum Tod am Kreuz hinab, ach! bis zum Tod am Kreuz hin-

Ach!

ab, wurd' er er-nie-drigt, bis in's Grab, ach!

ach! bis zum

bis zum Tod am Kreuz wurd' er er-niedrigt, bis in's Grab, bis in's

Tod am Kreuz hin-ab,

Grab. Voll Schmerz, voll Qual, ein Fluch ge-

Voll Schmerz, voll Qual, ein Fluch,

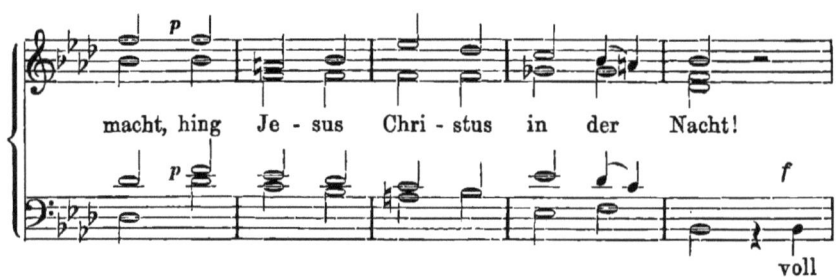

Gol - ga - tha! von Gott ver - las - sen hingst du

von

ver - las-

da, am Kreuz, am Kreuz auf Gol - ga-tha, von Gott, von Gott ver-

von Gott ver-

sen

las - sen auf Gol - ga - tha, am Kreuz, am Kreuz auf

Gol - ga - tha, auf Gol - ga - tha!

Die Harfe. I.

8

Choral.

1. O Lamm Got - tes un - schul - dig am Kreu - ze
   be - fun - den stets ge - dul - dig, da du für

   für uns er - wür - get;
   uns dich ver - bür - get.
   Du trugst der Sün - den

   Pla - gen, dass wir nicht dürf - ten ver - za - gen. Er-

   barm dich un - ser, o Je - su, o Je - su.

2. Von Herzen wir dir danken, dass du so herzliche Treue gethan hast an uns Kranken. Gieb eine selige Reue, lass uns die Sünde meiden, zu Ehren deinem Leiden. Erbarm' dich unser, o Jesu! o Jesu!

3. Stärk' in uns das Vertrauen auf deine heiligen Wunden. Lass uns darauf fest bauen in unsern letzten Stunden; und hilf uns selig sterben, dass wir den Himmel erben. Gieb uns deinen Frieden, o Jesu! o Jesu!

Confirmationslieder.

Choral.

Mel.: Nun komm, der Heiden Heiland etc.

1. Blick' auf un - sre Kin - der hier, Herr! wir füh - ren sie zu dir, dass sie ih - ren Bund er - neun und sich dir auf e - wig weihn.

2. Freud' und Leid erwarten sie, Lebenslust und Lebensmüh'; beides kommt, und droht Gefahr, und das Herz bleibt wandelbar!

3. Eins nur, das uns nie verlässt, Herr, dein Wort, steht ewig fest! dabei halt' sie bis zum Tod, heil'ger, gnäd'ger, starker Gott!

4. Nun, ihr Herz ist jetzt bereit und voll Glaubensfreudigkeit; das verbleibe stets ihr Theil, hier zum Trost, und dort zum Heil.

5. Jesu Christo, ihrem Herrn, lass sie folgen treu und gern; dass mit Freuden wir sie sehn einst zu seiner Rechten stehn.   Rochlitz.

8 *

Während der Einsegnung.

1. Auf des Glau - bens Bahn stand - fest him - mel -

an! Va - ter stär - ke sie stär - ke sie!

2. Mit euch Jesu Licht! Wanket, strauchelt nicht! Immer fromm und gut, fromm und gut!

3. Unter Gram und Schmerz himmelan das Herz! Oben reift die Saat, reift die Saat!

4. O mit Gott, mit Gott treu bis in den Tod, und dann selig dort, selig dort.

Amen.

A - men! A - men! A - men! A - men!

Choral.

Mel.: Herr Jesu Christ, dich etc.

1. Im Na-men des Herrn Je-su Christ, der un-ser Haupt und Hei-land ist, schliesst in den hei-li-gen Ver-ein euch un-sre Lie-be seg-nend ein;

2. Mit uns in einem Bund zu stehn, dem Herrn getreulich nachzugehn, zu theilen mit uns Freud' und Leid auf Einem Weg zur Herrlichkeit.

3. Er geb' euch seinen guten Geist, der uns die Bahn zum Himmel weist; Er mache täglich seine Treu', und euren Bund im Glauben neu!

4. Wir reichen euch darauf die Hand; dem Herrn ist euer Herz bekannt; Er prüft euch heut' und war euch nah', wo euch kein Menschenauge sah.

5. Der Gott des Friedens heil'ge euch, und helf' euch aus zu seinem Reich, dass Seel' und Leib, von Sünden frei, auf seinen Tag unsträflich sei.

v. Zinzendorf.

Nach dem Gelübde.

E. A. Wendt.

1. Sprich nun, Herr, dein A - men ü - ber die - sen Bund;
3. Gieb uns Gnad' und Se - gen, sei uns Trost und Licht;

heil' - ge dei - nen Na - men, Al - ler Herz und Mund!
zeig' auf dun-klen We - gen uns dein An - ge - sicht!

2. Stär - ke - voll be - rei - te dei - ner Kin - der Schaar!
4. Halt uns stets hie - nie - den, treu bei dei - nem Wort!

Treu - er Hir - te lei - te, führ' uns im - mer - dar!
Gieb uns dei - nen Frie - den, hier und e - wig dort!

Choral.

Mel.: Seelenbräutigam etc.

1. Von des Himmels Thron sende, Gottes Sohn, deinen
Geist, den Geist der Stär - ke! Gieb uns Kraft zum heil'gen Werke, dir uns ganz zu weihn, e - wig dein zu sein.

2. Mach' uns selbst bereit, gieb uns Freudigkeit, unsern Glauben zu bekennen, und dich unsern Herrn zu nennen, der sein theures Blut gab auch uns
zu gut.

3. Richte Herz und Sinn nach dem Himmel hin, wenn wir unsern Bund
erneuern, und mit Hand und Mund betheuern, deine Bahn zu gehn, Weltlust
zu verschmähn.

4. Wenn wir betend nahn, Segen zu empfahn, komm, durch Menschen-
hand den Segen selbst uns gnädig aufzulegen; Licht und Kraft und Ruh' ströme
dann uns zu.

5. Gieb auch, dass dein Geist, wie dein Wort verheisst, unauflöslich uns
vereine mit der gläubigen Gemeine, bis wir dort dich sehn und dein Lob erhöhn.   Marot.

Der 86. Psalm.

Legato.

L. Hellwig.

Herr nei - ge dei-ne Oh - ren

und er - hö - re mich, be - wah - re meine See - le

semper legato

denn ich bin heilig, hilf du mein Gott ich

bau - e ganz auf dich! er - freu - e meine Seele, nach

dir verlanget mich, denn du Herr bist gut und

gnädig von grosser Gü-te al - len die dich an-

ru - - - fen! Vernimm Herr mein Ge-

bet und mer-ke auf die Stim-me meines Fle - hens

in meiner Noth ruf' ich dich an, du wollest mich er-

hö - ren, zei - ge, Herr, zei - ge mir deinen

Weg, dass ich wand - le in deiner Wahr - -

heit! er - hal - te mein Herz bei dem Ei - nigen

du hast mei - ne Seel' er - ret - tet,

mei - - - ne Seel' er-

ret - - - tet.

Choral.

Mel.: Dir, dir Jehova etc.

1. Wie jauchzt mein Geist schon hier im Staube, wenn er an
   Wie tri - um - phirt mein Chri-sten - glaube, wenn er sich

dich, Er - standner, in - nig denkt! Ich schaue nun ge - trost in's
in dein off'-nes Grab ver - senkt.

eig - ne Grab; aus dei - nem Grab' er - blüht der Hoff - nung Stab.

2. Ich seh' den Frühling jetzt erwachen: ein süsses Bild der Auferstehung mir! der Tod darf mir nicht bange machen, Erstandner, neues Leben strahlt von dir. In jenes ew'gen Lebens Herrlichkeit bin ich von aller Todesqual befreit.

3. Ein Lebensbote sei mir Alles, was hier auf Erden grün und blühend ist; ein süsser Klang des Wiederhalles von dir, Lebend'ger, der du ewig bist. Einst geh' auch ich hervor aus Grabesnacht und schweb' umher in ew'ger Frühlingspracht.

4. Hier ist noch Dunkel, dort ist Helle; hier wein' ich manche bittre Thräne noch: dort aber strömt die Freudenquelle; denn dort bin ich erlöst vom Sündenjoch. Brich, morsche Hütte, brich nur immer ein! mein Geist wird dort verklärt und selig sein.

5. Dir dank' ich dieser Hoffnung Freude, Erstandner; weil du lebst, so leb' auch ich! wenn ich in dir die Seele weide, Verklärter, dann verklärt sie sich durch dich. Die Hoffnung himmlischer Unsterblichkeit erhebt schon hier das Herz zur Seligkeit.

Osterlied.

1. Ich sag' es Jedem, dass er lebt und auf - er-standen ist, dass

er in uns'rer Mitte schwebt und e - wig bei uns ist.

2. Ich sag' es Jedem, Jeder sagt es seinen Freunden gleich, dass bald an allen Orten tagt das neue Himmelreich.

3. Jetzt scheint die Welt dem neuen Sinn erst wie ein Vaterland; ein neues Leben nimmt man hin entzückt aus seiner Hand.

4. Hinunter in das tiefe Meer versank des Todes Graun, und Jeder kann nun licht und hehr in seine Zukunft schaun.

5. Der dunkle Weg, den er betrat, geht in den Himmel aus, und wer nur hört auf seinen Rath, kommt auch in's Vaterhaus.

6. Nun wein' auch Keiner mehr allhier, wenn Eins die Augen schliesst; vom Wiedersehn, spät oder früh, wird aller Schmerz versüsst.

7. Es kann zu jeder guten That ein Jeder frisch erglühn, denn herrlich wird ihm diese Saat in schönern Fluren blühn.

8. Er lebt und wird nun bei uns sein, wenn Alles uns verlässt! Und so soll dieser Tag uns sein ein Weltverjüngungsfest.

Novalis.

Freu' dich, du werthe Christenheit.

Prätorius.

Freu' dich, du wer - the Chri - sten - heit, lo - be Gott in E - wig - keit! Der am Kreuz hat ge - han - gen, der ist vom Tod auf - er - stan - den. Christ, bitt' für uns! Hal - le - lu - jah!

Choral.

1. Christ ist er - stan - den von der Mar-ter al -

le: dess sol-len wir Al - le froh sein; Christus will unser

Trost sein. Hal - le - lu - jah! Wär' er nicht er-

V. 2.

stan - den, so wär' die Welt ver-gan - gen; seit dass er

nun er - standen ist, so lo - ben wir den Herrn Je - sum Christ.

V. 3.

Hal - le - lu - jah! Hal - le - lu - jah! Hal - le - lu -

jah! Hal - le - lu - jah! Dess sol - len wir Al - le froh sein.

Christus will unser Trost sein! Halle - lu - jah!

Chor.

Maestoso.

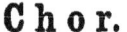

Händel.

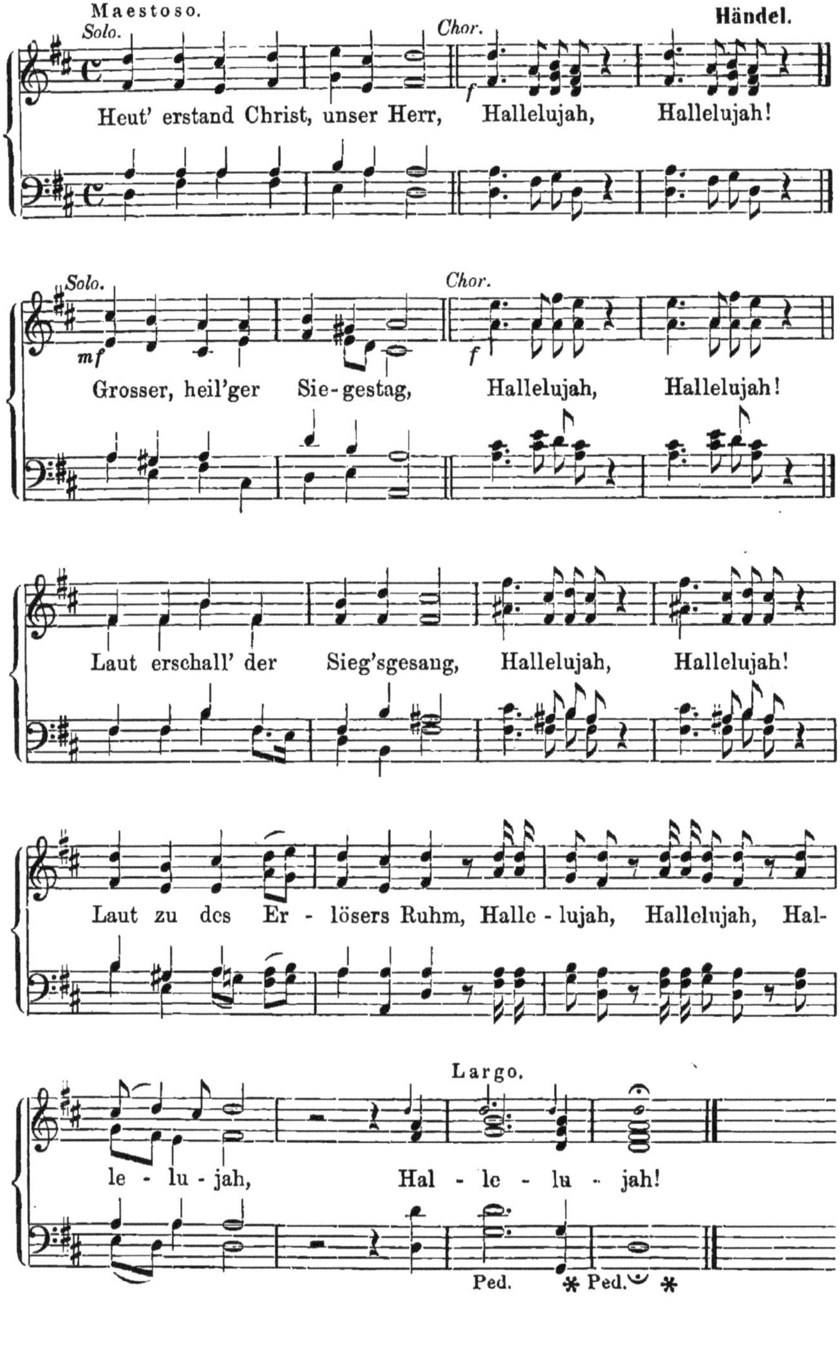

Heut' erstand Christ, unser Herr, Hallelujah, Hallelujah!

Grosser, heil'ger Sie - gestag, Hallelujah, Hallelujah!

Laut erschall' der Sieg'sgesang, Hallelujah, Hallelujah!

Laut zu des Er - lösers Ruhm, Halle - lujah, Hallelujah, Hal-

Largo.

le - lu - jah, Hal - le - lu - jah!

Ped. ✱ Ped. ✱

Choral.

1. Christ lag in To-des-ban - den für uns're Sünd' ge - ge - ben:
er ist wieder er-stan - den u. hat uns bracht das Le - ben;
dass wir sol-len fröhlich sein, Gott lo-ben und ihm dankbar
sein, und singen Hal-le - lu - jah! Hal - le - lu - jah!

2. Den Tod Niemand zwingen konnt' bei allen Menschenkindern: das macht Alles unsre Sünd'; kein' Unschuld war zu finden. Davon kam der Tod so bald und nahm über uns Gewalt, hielt uns in sein'm Reich gefangen. Hallelujah!

3. Jesus Christus, Gottes Sohn, an unsre Statt ist kommen und hat die Sünde abgethan; damit dem Tod genommen all' sein Recht und sein' Gewalt; da bleibt nichts denn Todsgestalt: den Stachel hat er verloren. Hallelujah!

4. Es war ein wunderlicher Krieg, da Tod und Leben rungen! Das Leben behielt den Sieg! es hat den Tod verschlungen. Christi Wort uns Kunde bringt, wie sein Tod den Tod verschlingt; ein Spott aus dem Tod ist worden. Hallelujah!

5. Hier ist das rechte Osterlamm, davon wir sollen leben: in den Tod am Kreuzesstamm aus heisser Lieb' gegeben; dess Blut zeichnet unsre Thür; das hält der Glaub' dem Tode für: der Würger kann uns nicht rühren. Hallelujah!

6. So feiern wir das hohe Fest mit Herzensfreud' und Wonne, das uns der Herr erscheinen lässt; er ist selber die Sonne, der durch seiner Gnaden Glanz erleuchtet unsre Herzen ganz; der Sünden Nacht ist vergangen. Hallelujah!

7. Das Mahl wir Alle halten fein, dazu uns Gott geladen; der alte Sau'r-teig nicht soll sein bei dem Wort der Gnaden. Christus selbst die Kost will sein und speisen die Seel' allein; der Glaub' will kein's Andern leben. Hallelujah!

Luther (Martin.)

Chor: Er lebt, mein Heiland lebt.

Er lebt, mein Heiland lebt, das Grab ist wieder leer, sieh

wie der Abgrund heu-te bebt, die Sünden sind nicht mehr; drum

auf mein Herz und bring', dem Sie-ges-für-sten Dank; er-

wache heut', o Christ, und sing', mit war-men Lob-ge-sang.

Mit warmen Lob-ge-sang.

Heut' triumphiret Gottes Sohn.

1. Heut' tri-um-phi-ret Got-tes Sohn, der von dem Tod er-stan-den schon, Hal-le-lu-jah! Hal-le-lu-jah! Mit grosser Pracht und Herr-lich-keit, das dank'n wir ihm in E-wig-keit. Hal-le-lu-jah, Hal-le-lu-jah!

2. O süsser Herre Jesu Christ, der du der Sünder Heiland bist: führ'
uns durch dein' Barmherzigkeit mit Freuden in dein' Herrlichkeit.

3. Hier ist doch nichts denn Angst und Noth: wer glaubet und hält dein
Gebot, der Welt ist er ein Hohn und Spott muss leiden oft den schnöden Tod.

4. Nun kann uns kein Feind schaden mehr, ob er gleich murrt, ist ohn'
Gefähr: er liegt im Koth, der arge Feind, dagegen wir Gottes Kinder seind.

5. Dafür wir dank'n dir allzugleich und sehnen uns ins Himmelreich.
Es ist am End', Gott helf' uns all'n, so singen wir mit grossen Schall'n:

6. Gott dem Vater im höchsten Thron, sammt seinem eingebornen Sohn,
dem heil'gen Geist in gleicher Weis' sei Lob und Ehr' in Ewigkeit.

Basilius Förtsch.

Motette.

A. E. Grell.

Lob und Preis sei

Lob und Preis sei

und Preis sei

Gott. In deiner Herrlichkeit, ge - rü - stet mit Gewalt und

Stär - ke, herrschest du, o Herr, auf dei - nem

Choral.

Mel.: Wachet auf! ruft uns die Stimme etc.

1. Eh - re, Lob und Preis und Stär - ke sei
Singt dem auf - er - stand'-nen Hel - den! und

dem Vol - len - der sei - ner Wer - ke; dem
al - le Him - mel al - le Wel - ten, und

To - des - ü - ber - win - der Dank!
die - sem Erd - kreis sei Ge - sang! Ihm,

der vom Tod er - stand, ihm der einst

ü - ber - wand, Preis und Eh - re! Sein

ist die Macht! Er hat's voll - bracht! Die

Welt ist sei - ner Eh - re voll.

2. Ja, du Land der Gräber, Erde, empor aus deinem Staube! werde ein Land des Lebens und des Lichts! Er, der siegreich auferstanden, befreit dich von des Todes Banden und von den Qualen des Gerichts. Heil dir! das Grab ist leer! des Abgrunds Schreckenheer ist bezwungen! Des Todes Nacht, der Hölle Macht, der Gräber Grauen ist besiegt!

3. Was vermag uns zu erschüttern? Der Hölle Sklaven mögen zittern vor ihm, der ewig, ewig lebt! Wir, des Auferstand'nen Brüder, wir Christen, seines Leibes Glieder, wir freun uns dess, der ewig lebt. Für uns litt er den Tod, für uns entrückte Gott ihn dem Grabe. Ihr Spötter, bebt! Der Sieger lebt! er lebt, und stirbt hinfort nicht mehr!

4. Unser Herz darf nun nicht wanken; die bangen zweifelnden Gedanken besiegt des Glaubens Zuversicht. Wie ein Fels im weiten Meere steht unerschüttert Jesu Lehre, und bringet Heil und Trost und Licht. Der Himmel Bau zerfällt, die Herrlichkeit der Welt wird verschwinden: doch fort und fort steht Jesu Wort, bleibt Trost und Heil in Ewigkeit.

5. Doch auch wir, wir werden bleiben. Mag doch des Körpers Staub zerstäuben! Verzehre, Moder, mein Gebein! Jesus lebt! Auch meine Glieder belebt einst Gottes Allmacht wieder; auch ich werd' einst unsterblich sein. In der Verwesung Grab dringt dann sein Ruf hinab, und ich lebe; und ich bin sein, auf ewig sein. Wie wird mir dann, o dann mir sein!

Himmelfahrt.
Choral.

1. Christ fuhr gen Him - mel! Wen sandt' er uns her-nie-

der? den Trö - ster, den heil'gen Geist, zum Trost der ar-men

Christen-heit. Herr, sei uns gnä - dig! 2. Ge-lobt sei Gott! Ge-

lobt sei Gott! Gelobt sei Gott! dess soll'n wir Al-le froh sein;

Christus will un-ser Trost sein! Herr, sei uns gnä - dig!

Chor: Oeffnet eure Thore.

2. Oeffnet euch, ihr Himmelspforten, thu't euch auf! Seht der Ehrenkönig ist zum Einzug da. — Wer ist dieser König, dem das Reich gebührt? — Er, der Engelschaaren Herrscher, dieser ist's. Hallelujah, Hallelujah!

3. Völker, klatsch't mit Händen, freu't euch insgesammt! Frohe Lobgesänge jauchzet eurem Gott! Denn der Herr ist furchtbar und der Höchste, er; er der grosse König über alle Welt. Hallelujah, Hallelujah!

4. Unter lautem Jubel und Trompetenschall fuhr hinauf zu seinem Reiche Gott der Herr. Singet unserm König, singet unserm Herrn! Gott ist aller König; weislich singet ihm. Hallelujah, Hallelujah!

5. Auf dem heil'gen Throne (sein, sein ist der Thron) sitzt er, Gott. Die Heiden huld'gen ihm, dem Herrn. Mit des Abrams Volke freuen sich vereint auch der Völker Fürsten unter einem Gott. Hallelujah, Hallelujah!

Choral.

1. Zeuch uns nach dir, so kom-men wir mit herz-li-

chem Ver-lan - gen. Hin, da du bist, o Je-su

Christ, aus die-ser Welt ge-gan - gen.

2. Zeuch uns nach dir Herr Christ! ach führ' uns deine Himmelsstege, wir irr'n sonst leicht, sind abgeneigt vom rechten Lebenswege.

3. Zeuch uns nach dir, so folgen wir dir nach in deinen Himmel, dass uns nicht mehr allhier beschwer das böse Weltgetümmel.

4. Zeuch uns nach dir nur für und für, und gieb, dass wir nachfahren dir in dein Reich, und mach' uns gleich den auserwählten Schaaren.

Ludämilia Elisabeth, Gräfin v. Schwarzburg-Rudolstadt. 1687.

Chor.

Lebhaft.

Rolle.

f

Triumph ihm Jubel und Dank! Es steigt Jehova's Ge - salb-ter auf

p

Wolken getragen zum Himmel empor. Begleit' ihn Jauchzen der Erd', um-

f

pfang' ihn Frohlocken des Himmels, d. Menschen u. Engel harmonischer Chor, der

p *f*

Menschen und Engel har - mo - ni - scher Chor.

Choral.

C. F. Becker.

1. Ich folg-te dir von fer - ne, zu deiner Marterbank; nun

wär' ich auch so ger - ne bei deinem Freuden - gang.

2. O Todesüberwinder! o grosser Siegesfürst! ich weiss, dass du mich Sünder nicht von dir weisen wirst.

3. Hier auf den fernsten Hügel des Oelbergs lass mich knie'n, wo schon die Wolkenflügel dein heil'ges Haupt umziehn!

4. Wie glänzest du umflossen von ew'ger Gloria! wie thränenübergossen stehn deine Jünger da!

5. Sie sehn: du hebst die Arme zum letzten Segen auf; und nun — o Herr, erbarme! — nun fährst du himmelauf.

6. Der Glanz von deinem Strahle verklärt die Bergeshöh', wie drunten tief im Thale, ach, dein Gethsemane!

7. Da hüllt dich eine Wolke vor unsern Blicken ein. Fahr' wohl! denn deinem Volke wirst du doch nahe sein!

8. Bis an der Welten Ende hebst du, Herr Jesu Christ, für uns die Segenshände zum Vater, wo du bist.

9. Drum macht mein Todtenbette mir auch kein Herzeleid; ich weiss es ja, die Stätte hältst du mir schon bereit.

10. Lässt auch das Haupt die Glieder? der Hirte auch sein Lamm? der Bruder seine Brüder? die Braut der Bräutigam?

11. Und du, du solltest lassen, was zu dir seufzet hier? Nein! Fahr' nur deine Strassen: mein Heil, ich folge dir!

Meinhold.

Motette.

A. E. Grell.

Prei - set Gott, ihr Völ - ker der Er - de! prei - set den

Herrn, der zum Himmel sich er - hob, uns dort die Stät - te

zu be - rei - ten, uns dort die Stät - te zu be -

rei - - - - ten.

Pfingsten.

Choral.

1. Komm hei - li - ger Geist, Her-re Gott! er - füll' mit

dei - ner Gnaden Gut dei - ner Gläu - bigen Herz, Muth und

Sinn; dein' brünstig Lieb' ent - zünd' in ihn'n! O Herr durch dei - nes

Lich-tes Glanz zu dem Glauben ver - sammelt hast das Volk aus

al - ler Welt Zun - gen: das sei dir Herr, zum Lob ge-

sun - gen. Hal - le - lu - jah, Hal - le - lu - jah!

2. Du heiliges Licht! edler Hort! lass leuchten uns des Lebens Wort und lehr' uns Gott recht erkennen, von Herzen Vater ihn nennen. O Herr, behüt' vor fremder Lehr', dass wir nicht Meister suchen mehr, denn Jesum Christ, mit rechtem Glauben und ihm aus ganzer Macht vertrauen. Hallelujah, etc.

3. Du heilige Gluth! süsser Trost! nun hilf uns, fröhlich und getrost in deinem Dienst beständig bleiben, dass Trübsal' uns nicht abtreiben. O Herr, durch dein' Kraft uns bereit' und stärk' des Fleisches Blödigkeit, dass wir hier ritterlich ringen, durch Tod und Leben zu dir dringen. Hallelujah, etc.

Luther (Martin.)

Choral.

Mel. von 1640 nach Filitz.

1. Heil'ger Geist, du Tröster mein, hoch vom Him-mel

uns er - schein mit dem Licht der Gnaden dein.

2. Vater, komm, der Armen Heerd, komm mit deinen Gaben werth, uns erleucht' auf dieser Erd'.

3. O du süsser Herzensgast, der du Trost die Fülle hast, uns erquick' in aller Last.

4. Gieb uns, Herr, wir bitten dich, die wir glauben festiglich, deine Gaben mildiglich:

5. Dass wir leben heiliglich, Alle sterben seliglich, bei dir bleiben ewiglich.

* Robert, König von Frankreich um 1000.

Himmlischer Tröster.

Himmlischer Tröster, Geist der Wahrheit der du Al - les mit

der du

dei - ner All - ge - genwart er - fül - lest. Himmlischer

Trö - ster, Geist der Wahr - heit der du Al - les mit

der du

dei - ner All - ge - genwart er - fül - lest, komm

woh - ne in uns, komm woh - ne in uns und rei - nige

woh - ne in uns

Tutti.

uns von al - len Sün - - - den, komm

f

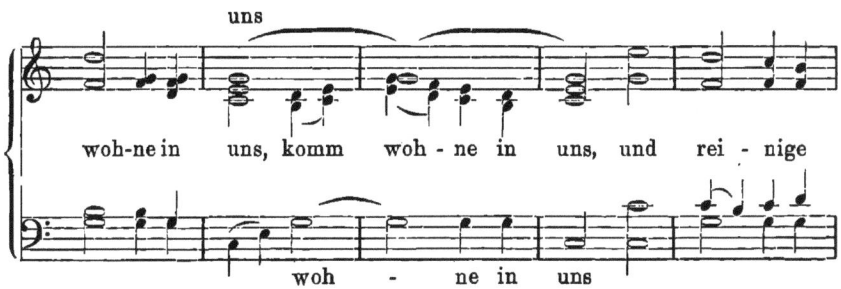

uns

woh-ne in uns, komm woh - ne in uns, und rei - nige

woh - ne in uns

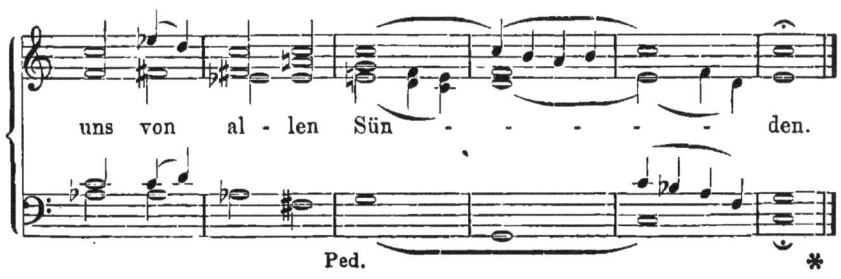

uns von al - len Sün - - - den.

Ped. ✻

144

Choral.

Mel.: Lasst uns Alle fröhlich etc.

1. O du Geist der Herrlich - keit, Geist der Lieb' und Wahr-

heit! Gönn'uns jetzt und alle - zeit, Gnade, Kraft u. Klar - heit.

2. Da dein Volk versammelt war mit Gebet und Flehen, sah man an der gläub'gen Schaar deine Flammen wehen.

3. Muthig, fröhlich und entbrannt und im Geist verbunden, machten sie der Welt bekannt, was ihr Herz empfunden.

4. Was der Vater uns gethan, was der Sohn errungen, hoben sie zu preisen an laut, mit neuen Zungen.

5. Flamm' uns auch so brünstig an! Füll' uns reich mit Segen, dass ein Jeder fühlen kann, du, Herr, seist zugegen.

6. Reden, Schweigen, Bitten, Flehn, ja des Herzens Denken, lass in deiner Kraft geschehn und nach deinem Lenken.

7. Mach' uns jenes Heils gewiss, das der Herr gewähret; mach' uns, frei von Finsterniss, in sein Bild verkläret!

8. Beten wir, so rufe du unsers Vaters Namen. Sprich dem Herzen göttlich zu, sprich in uns das Amen!

9. Himmelsflamme, zünd' uns an, dass die Liebe brenne; dass dein Volk für Einen Mann muthig streiten könne!

10. So wird unser Herz und Sinn dir die Ehre geben; so bringst du uns Alle hin, wo wir ewig leben.

Woltersdorf.

Chor.

Moderato assai.

Laudenberger.

O heil'ger Geist, kehr' bei uns ein und lass uns deine Wohnung

sein, o komm du Herzens - son - ne! du Himmelslicht, lass

dei-nen Schein bei uns und in uns kräftig sein, zu steter Freud' und

Won-ne. Du Himmelslicht, lass deinen Schein, bei uns und in uns

kräf-tig sein, zu ste-ter Freud' und Won - ne.

V. S.

146

Won - ne, himmlisch Le - ben, himmlisch Le - ben,

Son - ne, Won - ne,

willst du geben, wenn wir be - ten, wenn wir be - ten, zu dir

kommen wir ge - tre - ten. O heil'ger Geist, kehr' bei uns ein und

lass uns deine Woh - nung sein, deine Wohnung sein.

Choral.

1. Nun bit - ten wir den heil'gen Geist um den rech - ten Glau - ben al - ler - meist, dass er uns be - hü - te an un - serm En - de, wenn wir heimfahr'n aus die - sem E - len - de. Er - barm' dich Herr!

2. Du werthes Licht, gieb uns dein'n Schein; lehr' uns Jesum Christ erkennen allein, dass wir an ihm bleiben, dem treuen Heiland, der uns bracht hat zum rechten Vaterland. Erbarm' dich, Herr!

3. Du süsse Lieb', du himmlisch Gut, lass uns empfinden der Liebe Gluth, dass wir uns von Herzen einander lieben und in Fried' auf Einem Sinne bleiben. Erbarm' dich, Herr!

4. Du höchster Tröster in aller Noth, hilf, dass wir nicht fürchten Schmach, noch Tod; dass in uns die Sinne ja nicht verzagen, wenn der Feind wird das Leben verklagen. Erbarm' dich, Herr!

Luther (Martin.)

Melodie von 1525 nach Tucher.

Nun bit-ten wir den hei - li - gen Geist um

den rech - ten Glauben al - ler - meist, dass er

uns be-hü - te an unserm En - de, wenn wir heimfahr'n aus

der Erd' E - len-de. Er - barm' dich Herr!

Psalm 118, 24—29.

J. Braun.

Dies ist der Tag, dies ist der Tag, den der

Herr macht, den der Herr macht; lasset uns freu-en, lasset uns freuen,

las-set uns freuen, las-set uns freuen und fröhlich da-rin-nen

sein. O Herr, hilf! O Herr, hilf! Lass wohlge-lin-gen, lass

leuch - tet, der uns er - leuch - tet! Schmücket das Fest mit

Mai - en, schmücket das Fest mit Mai - en,

schmücket, schmücket, bis an die Hörner des Al - tars.

Chor.

Du bist mein Gott, du bist mein Gott, ich dan - ke

dir, dich will ich prei - sen, dich will ich prei - sen, dich, meinen

Gott, meinen Gott! Danket dem Herrn, danket dem Herrn; denn

er ist freund-lich, denn er ist freundlich, und

seine Güte wäh-ret e-wig-lich, e-wig-lich.

Choral.

Mel.: Jesu meine Freude etc.

1. Schmückt das Fest mit Mai - en, las - set
   denn der Geist der Gna - den hat sich

Blu - men streu - en, zün - det O - pfer an,
ein - ge - la - den, ma - chet ihm die Bahn,

nehmt ihn ein, so wird sein Schein euch mit Licht und

Heil er - fül - len und den Kummer stil - len.

2. Tröster der Betrübten, Siegel der Geliebten, Geist voll Rath und That, starker Gottesfinger, Friedensüberbringer, Fürsprech voller Gnad'. Gieb uns Kraft und Lebenssaft, lass uns deine theuern Gaben zur Genüge laben.

3. Lass die Zunge brennen, wenn wir Jesu nennen, führ' den Geist empor. Gieb uns Kraft zum beten und vor Gott zu treten, sprich uns selber vor. Gieb uns Muth, du höchstes Gut, tröst' uns kräftig von oben bei der Feinde Toben.

4. Güldner Himmelsregen, schütte deinen Segen auf das Kirchenfeld; ja, lass Ströme fliessen, die das Land begiessen, wo dein Wort hinfällt, und verleih, dass es gedeih, hundertfältig Früchte bringe und ihm stets gelinge.

5. Schlag die heil'gen Flammen über uns zusammen, wahre Liebesgluth! Lass dein sanftes Wehn auch bei uns geschehn, dämpfe Fleisch und Blut; lass doch das Sündenjoch nicht mehr wie vor diesem ziehen, und das Böse fliehen.

6. Gieb zu allen Dingen Wollen und Vollbringen, führ' uns ein und aus; wohn' in unsrer Seele, unser Herz erwähle dir zum eignen Haus. Werthes Pfand mach' uns bekannt, wie wir Jesum recht erkennen und Gott Vater nennen.

7. Mach' das Kreuze süsse, und im Finsternisse sei du unser Licht; trag nach Zions Hügeln uns mit Glaubensflügeln, und verlass uns nicht, wenn der Tod die letzte Noth, mit uns will zu Felde liegen, dass wir fröhlich siegen.

8. Lass uns hier indessen nimmermehr vergessen, dass wir Gott verwandt; dem lass uns stets dienen, und im Guten grünen als ein fruchtbar Land, bis wir dort, du werther Hort, bei den grünen Himmelsmaien ewig uns erfreuen.

Benj. Schmolcke. 1715.

Preis der heiligen Dreieinigkeit.

Chor.

Glo - ri - a dir, Drei - ei - nig - keit, in

E - wig - keit! Glo - ri - a! Du bist, du warst vor

al - ler Zeit und bleibst es bis in E - wig -

keit. Glo - ri - a, Glo - ri - a, Glo - ri - a!

11*

Choral.

1. { Gott der Va - ter, wohn' uns bei und lass uns
   { mach' uns al - ler Sün - den frei und hilf uns

nicht ver - der - ben; } { vor dem Teu - fel uns be-
se - lig ster - ben. } { dir uns las - sen ganz und

wahr'; halt uns bei fes - tem Glau - ben, und
gar; mit al - len rech - ten Chris - ten ent-

auf dich lass uns bau - en, aus Her - zens
fliehn des Teu - fels Lis - ten, mit Waf - fen

Grund ver - trau - en, }
Gott's uns rüs - ten. }
A - men, A - men das sei

wahr: so sin - gen wir Hal - le - lu - jah!

2. Jesus Christus, wohn' uns bei und lass uns nicht verderben; mach' uns aller Sünden frei, und hilf uns selig sterben. Vor dem Teufel uns bewahr'; halt' uns bei festem Glauben, und auf dich lass uns bauen, aus Herzensgrund vertrauen, dir uns lassen ganz und gar; mit allen rechten Christen entfliehn des Teufels Listen, mit Waffen Gott's uns rüsten. Amen, Amen, das sei wahr: so singen wir Hallelujah!

3. Heiliger Geist, wohn' uns bei und lass uns nicht verderben; mach' uns aller Sünden frei, und lass uns selig sterben. Vor dem Teufel uns bewahr'; halt' uns bei festem Glauben, und auf dich lass uns bauen, aus Herzensgrund vertrauen, dir uns lassen ganz und gar; mit allen rechten Christen entfliehn des Teufels Listen, mit Waffen Gott's uns rüsten. Amen, Amen, das sei wahr: so singen wir Hallelujah!

Luther (Martin.)

Choral.

Aus dem 16. Jahrhundert.

1. Herr und Gott Vater in E - wig - keit! gross ist deine Barmherzigkeit;

al-ler Dinge Schöpfer und Re-gie - rer, erbarm dich un - ser.

p

f

2. Chris - te al - ler Welt Trost! Uns Sünder al-lein du

hast er - löst! O Je - su, Gottes Sohn! un - ser

Mitt - ler bist auf dem höchsten Thron. Zu dir fle - hen

wir aus Her-zensbe-gier: er - barm dich un - ser.

p

3. Herr und Gott hei - li - ger Geist. Tröst', stärk' uns im Glauben al - ler - meist, dass wir am letz - ten End' fröh - lich ab - schei - den aus die - sem E - lend! er - barm dich un - ser!

Choral.

al - lem Un - fall will er weh - ren, kein Leid

soll uns wi - der - fah - ren; er sor - get für uns

hüt't und wacht; es steht Al - les in sei - ner Macht.

2. Wir glauben auch an Jesum Christ, seinen Sohn und unsern Herren, der ewig bei dem Vater ist, gleicher Gott von Macht und Fhren. Von Maria, der Jungfrauen, ist ein wahrer Mensch geboren durch den heil'gen Geist im Glauben; für uns, die wir war'n verloren, am Kreuz gestorben und vom Tod wied'r auferstanden ist durch Gott.

3. Wir glauben an den heil'gen Geist, Gott mit Vater und dem Sohne, der aller Blöden Tröster heisst, uns mit Gaben zieret schöne; die ganze Christenheit auf Erden hält in einem Sinn gar eben; hier all' Sünd' vergeben werden; das Fleisch soll uns wieder leben; nach diesem Elend ist bereit uns ein Leben in Ewigkeit.

Luther (Martin.)

Choral.

Aus dem 19. Jahrhundert.

1. Wir glau - ben an den ein' - gen Gott,
   Er un - ser Va - ter, un - ser Gott,

Schö - pfer Himmels und der Er - den. Er - den.
hiess uns sei - ne Kin - der wer - den. wer - den.

Er will uns auch stets er - näh - ren, Heil und

Se - gen uns ge - wäh - ren. Er be-

schloss schon, eh' wir wa - ren, un - sre Ret - tung

aus Ge - fah - ren. Er ist's der für uns

sorgt und wacht, und Al - les steht in sei - ner Macht.

2. Wir glauben auch an Jesum Christ, Gottes Sohn, den Eingebornen, den Herrn, der Mensch geworden ist, den Erretter der Verlornen; der für uns sein heilig Leben in den Tod dahingegeben; der da lebt, herrscht, hoch erhöhet in dem Reich, das nie vergehet. Er lässt auch uns im Grabe nicht, und kommt dereinst zum Weltgericht.

3. Wir glauben an den heil'gen Geist, unsern göttlichen Regierer, den Jesus Christus uns verheisst, uns zum Beistand und zum Führer. Der in Trübsal seine Christen eilt mit Muth und Kraft zu rüsten; der uns lehrt Vergebung finden und des Glaubens Kraft empfinden. Er flösset uns im Todesschmerz des ew'gen Lebens Trost in's Herz.

Neander (Chr. Fr.)

Chor.

(Sechs - stimmig.)

Melchior Bischoff.

Gott Va-ter, Gott Sohn, Gott hei - li - ger Geist, dir sei Lob und

Preis in E - wigkeit, A - - men; dir sei Lob und

Preis in E - wigkeit, A - - men, in E - wigkeit, A - men, in

Ewigkeit, A - - men, A - - - men.

Ped. ✱ Ped. ✱

A - - - men.

Choral.

Mel: Gelobet seist du, Jesu etc.

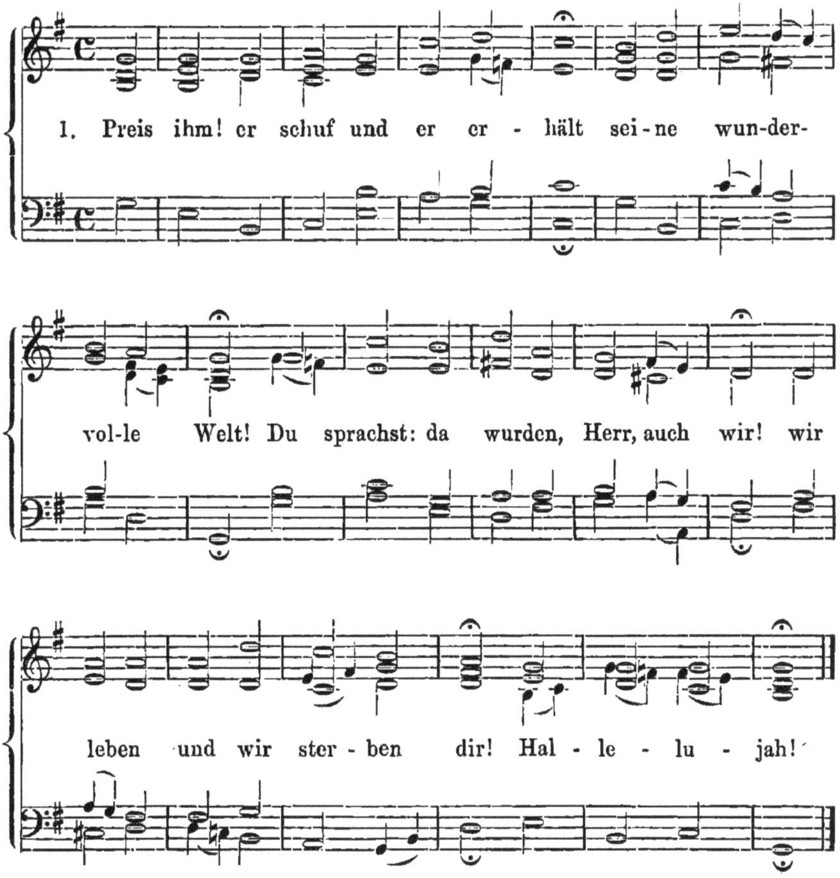

1. Preis ihm! er schuf und er er - hält sei - ne wun-der-

vol-le Welt! Du sprachst: da wurden, Herr, auch wir! wir

leben und wir ster - ben dir! Hal - le - lu - jah!

2. Preis ihm! Er liebt von Ewigkeit, wird ein Mensch, stirbt in der Zeit! Erlöst, erlöst hast du uns dir! Dir leben und dir sterben wir! Hallelujah!

3. Preis ihm! Er führt des Himmels Bahn, führt den schmalen Weg hinan! Geheiliget hast du uns dir! Dir leben und dir sterben wir! Hallelujah!

4. Sing', Psalter! Freudenthränen, fliesst! Heilig, heilig, heilig ist Gott, unser Gott! Jehova dir, dir leben und dir sterben wir! Hallelujah!

Klopstock.

Busstag.
Morgenlied.

Mel.: Von Gott will ich etc.

1. Auf, auf an die-sem Mor - gen schwing' dich mein Herz em-por!
Um für dein Heil zu sor - gen, tritt an das Licht her-vor!

Wie lange schliefst du doch! wach' auf und treib' von hin - nen die

Nacht aus dei-nen Sin - nen; jetzt heisst es Heu-te noch!

2. Noch lässt der Herr dich leben und trägt mit dir Geduld. Noch will
er Zeit dir geben; ergreife seine Huld. Entsage nun der Welt. Er will dir
Heilung schenken, dein Herz und Sinnen lenken auf das, was ihm gefällt.

3. Ja, Herr, mit Reu' und Glauben tret' ich vor deinen Thron; du wirst
mich nicht berauben des Heils in deinem Sohn. Ein flehend Angesicht, ein
Herz in Reu' gebrochen, das dir sich neu versprochen, verachtest du ja nicht.

4. So sei in deinem Namen gesegnet dieser Tag! Sprich auf mein Bitten
Amen, dass ich mich trösten mag! Lass deinen guten Geist das Herz mit Glauben schmücken, mit Freuden es erquicken, die mir dein Wort verheisst.

Choral.

1. Ach, Gott und Herr, wie gross und schwer sind mei - ne

vie-len Sün - den! wie drückt mich doch ihr har-tes

Joch! wo kann ich Ret-tung fin - den?

2. Wohin ich flieh', verfolgen sie mit ihrer Pein mich Armen. In dieser Noth kenn' ich, o Gott, kein Heil, als dein Erbarmen.

3. Ich flieh' zu dir; sei gnädig mir, ob ich's gleich nicht verdienet. Geh mit mir nicht, Gott, in's Gericht; dein Sohn hat mich versühnet.

4. Soll's ja so sein, dass Straf' und Pein auf Sünden folgen müssen: so fahr' hier fort und schone dort, und heile mein Gewissen.

5. Verfahr' mit mir, wie's dünket dir: ich will demüthig leiden; nur wollst du mich nicht ewiglich von den Erlösten scheiden.

6. Das thust du nicht! mit Zuversicht darf es mein Glaube hoffen. Mir steht, o Gott, durch Christi Tod ja auch dein Himmel offen.

7. Nur dass ich treu dem Heiland sei, gieb mir bis an mein Ende, und dass den Lauf zu dir hinauf im Glauben ich vollende.

8. Dir, Gott, sei Ruhm! dein Eigenthum bleib' ich in Jesu Namen. Ich zweifle nicht, denn Jesus spricht: Wer glaubt, wird selig. Amen. Rutilius.

Choral.

1. Aus tie - fer Noth schrei ich zu dir: Herr
   Dein gnä - dig Ohr neig' her zu mir; lass

Gott ver - nimm mein Fle - hen!
Gnad für Recht er - ge - hen! denn so du

willst das se - hen an, was Sünd' und Un - recht ist ge-

than: wer kann, Herr, vor dir blei - ben?

2. Bei dir gilt nichts, denn Gnad' und Gunst, die Sünde zu vergeben. Es ist doch unser Thun umsonst, auch in dem besten Leben. Vor dir sich Niemand rühmen kann; es muss dich fürchten Jedermann und deiner Gnade leben.

3. Darum auf Gott will hoffen ich, auf mein Verdienst nicht bauen; auf ihn allein verlassen mich und seiner Güte trauen: die sagt mir zu sein werthes Wort; das ist mein Trost und treuer Hort, dess will ich allzeit harren.

4. Und ob es währt bis in die Nacht und wieder an den Morgen: doch soll mein Herz an Gottes Macht verzweifeln nicht, noch sorgen. So thu', Volk Gottes rechter Art! wer aus dem Geist geboren ward, wird seines Gottes harren.

5. Ob bei uns ist der Sünden viel: bei Gott ist viel mehr Gnade. Sein Arm zu helfen hat kein Ziel, wie gross auch sei der Schade. Er ist allein der gute Hirt, der uns, sein Volk, erlösen wird von allen Sünden. Amen.

Luther (Martin.)

Nach voriger Melodie.

1. O Vater der Barmherzigkeit, ich falle dir zu Fusse: verstoss den nicht, der zu dir schreit und thut noch endlich Busse! Was ich begangen wider dich, verzeih mir Alles gnädiglich durch deine grosse Güte!

2. Durch deiner Allmacht Meisterthat nimm von mir was mich quälet, durch deine Weisheit schaffe Rath, worinnen mirs sonst fehlet. Gieb Willen, Mittel, Kräft' und Stärk', dass ich mit dir all meine Werk' anfange und vollende.

3. O Jesu Christe, der du hast am Kreuze für mich Armen getragen aller Sünden Last, wollst meiner dich erbarmen. O wahrer Gott, o Davids Sohn! erbarm dich mein und mein verschon, sieh an mein täglich Rufen.

4. Lass deiner Wunden theures Blut, dein' Todespein und Sterben mir kommen kräftiglich zu Gut, dass ich nicht muss verderben. Bitt' du den Vater, dass er mir im Zorn nicht lohne nach Gebühr, wie ich es hab' verschuldet.

5. O heil'ger Geist, du wahres Licht, Regierer der Gedanken, wenn mich die Sündenlust anficht, lass mich von dir nicht wanken; verleih', dass nun und nimmermehr Begier nach Reichthum oder Ehr' in meinem Herzen herrsche.

6. Und wenn mein Stündlein kommen ist, so hilf mir treulich kämpfen, dass ich des Satans Trutz und List durch Christi Sieg mög dämpfen, auf dass mir Krankheit, Angst und Noth und dann der letzte Feind, der Tod, nur sei die Thür zum Leben.

David Danicke. 1646.

Busslied.

An dir allein, an dir hab' ich ge-sündigt, und ü-bel oft vor dir ge-than. Du siehst die Schuld, die mir den Fluch ver-kün-digt; sieh Gott auch mei-nen Jam-mer, mei-nen Jam-mer an.

gilt mir nicht; ver-gilt mir nicht nach mei - ner, nach

Ped.

mei - ner Schuld. Ich su-che dich;

lass mich dein An - tlitz fin - den, du Gott der

Lang - muth und Ge - duld. Ped.

Chorsatz.

Aus dem Miserere für zwei gleiche abwechselnde Chöre von

I. Chor.

Gregorio Allegri.

Gott, sei uns gnä-dig nach dei - ner Gü - te,

und til-ge meine Sün - den nach dei-ner gros - sen Barm-

nach dei - ner

gros - sen Barm-

II. Chor.

her - zig-keit. Wasche mich wohl von meiner Mis - se-that,

und rei-nige mich von mei - ner Sün - de.

Choral.

(1524.)

1. Wenn meine Sünd' mich krän - ken, o mein Herr Je - su Christ,
So lass mich wohl be - den - ken, wie du ge - stor - ben bist,

und al - le mei - ne Schul-den - last am Stamm des

heil' - gen Kreu - zes auf dich ge - nom - men hast.

2. O Wunder ohne Maassen, wer es betrachtet recht: es hat sich martern lassen der Herr für seinen Knecht, es hat sich selbst der wahre Gott für mich verlornen Menschen gegeben in den Tod!

3. Was kann mir denn nun schaden der Sünden grosse Zahl? Ich bin bei Gott in Gnaden, die Schuld ist allzumal bezahlt durch Christi theures Blut, dass ich nicht mehr darf fürchten der Höllen Qual und Glut.

4. Drum sag' ich dir von Herzen, jetzt und mein Lebelang, für deine Pein und Schmerzen, o Jesu, Lob und Dank, für deine Noth und Angstgeschrei, für dein unschuldig Sterben, für deine Lieb und Treu.

5. Herr, lass dein bitter Leiden mich reizen für und für, mit allem Ernst zu meiden die sündliche Begier, dass mir nie komme aus dem Sinn wie viel es dich gekostet, dass ich erlöset bin.

6. Mein Kreuz und meine Plagen, sollt's auch sein Schand' und Spott, hilf mir geduldig tragen; gieb, o mein Herr und Gott, dass ich verleugne diese Welt und folge dem Exempel, dass du mir vorgestellt.

7. Lass mich an Andern üben, was du an mir gethan, und meinen Nächsten lieben, gern dienen Jedermann, ohn' Eigennutz und Heuchlerschein und wie du mir erwiesen, aus reiner Lieb' allein.

8. Lass endlich deine Wunden mich trösten kräftiglich, in meiner letzten Stunden, und des versichern mich, weil ich auf dein Verdienst nur trau, du werdest mich annehmen, dass ich dich ewig schau. Justus Gesenius. 1646.

Choral.

1. Herr Je - su Christ, du höch - stes Gut, du
   Ich kom - me mit ge - beug - tem Muth, müh-

Brunnquell al - ler Gna - den!
se - lig und be - la - den,
denn mei - ne

Sün - de, gross und schwer, be - las - tet mein Ge-

wis - sen sehr und beugt mich ganz dar - nie - - der.

2. Erbarm' dich mein bei solcher Last; nimm sie von meinem Herzen, weil du sie selbst getragen hast am Kreuz mit bittern Schmerzen. Hilf, dass ich nicht vor Angst und Weh in meinen Sündon untergeh', noch ewiglich verzage.

3. Fürwahr, kommt alles das mir ein, was ich vor dir begangen, so drückt mein Herz ein schwerer Stein; ich bin mit Furcht umfangen. Wo find' ich Trost? Allein bei dir! Verloren wär' ich dort und hier, wenn ich dein Wort nicht hätte!

4. Doch durch dies theure Wort erwacht mein Herz zu neuem Leben; Erquickung hat es mir gebracht, ich darf nicht trostlos beben, weil es die Sünder kommen heisst, die Gnade mit zerknirschtem Geist bei dir, o Heiland, suchen.

5. Ich komm', o Herr! vergieb mir doch um deines Namens willen, und leg' auf mich dein sanftes Joch, mein banges Herz zu stillen, dass ich mich tröste durch dein Wort und dir zu Ehren leb' hinfort in kindlichem Gehorsam.

6. Herr, der du mir dies Heil verleist, durch den ich Trost gefunden, stärk' mich mit deinem Freudengeist auch in den letzten Stunden, und nimm mich einst, wenn dir's gefällt, mit wahrem Glauben von der Welt zu deinen Auserwählten!

Ringwaldt.

Der 51. Psalm.

Mel.: Auf, auf mein Herz etc.

1. Sei du mir gnä-dig, Gott! nach dei-ner Huld, nach

dei-ner Gna-de til-ge mei-ne Schuld: wa-sche mich

wohl von al-len mei-nen Sün - den, und lass Ver-

ge - bung trost - reich mir ver - kün - den!

2. Denn ich erkenne meine Missethat; stets ist vor mir des Herzens böser Rath. An dir allein hab' ich gesündigt, — wehe! Unrecht gethan vor dir, zu dem ich flehe!

3. So ist das Urtheil, das dein Mund mir spricht, gerecht, untadelhaft, Herr! dein Gericht. Mein Leben ist in Sünden aufgegangen, in Sünden hat die Mutter mich empfangen.

4. Du bist's, der die verborgne Wahrheit liebt und mir in's Herz die rechte Weisheit giebt. Entsünd'ge, wasche du mich, dass auf Erden ich möge rein, durchläutert, schneeweiss werden!

5. O kehr' mit Freud' und Wonne bei mir ein; das Herz, das du gebeugt, lass fröhlich sein; dein Antlitz wollst von meiner Schuld du wenden, Erlösung mir aus allen Sünden senden.

6. Schaff' in mir, Gott! ein reines Herz zumeist, und gieb mir einen neuen, festen Geist; verwirf mich nicht von deinem Angesichte, nimm mir nicht deinen Geist mit seinem Lichte.

7. Herr, tröste wieder mich mit Hülf' und Rath, une rüste meinen Geist zu freud'ger That; ich will die Sünder deine Wege lehren, dass die Verirrten sich zu dir bekehren.

8. Von Blutschuld rette mich, o Gott, mein Hort! dass deine Güt' ich rühme fort und fort; Herr, thu' mir auf den Mund: des Herzens Gründe, dass meine Zunge deinen Ruhm verkünde!

9. Denn Opfer, gern sie gäb' ich, liebst du nicht, Brandopfer nicht; die Opfer, die im Licht vor dir besteh'n, sind ein gebeugt Gemüthe; ein reuig Herz verschmäht nicht deine Güte.

10. Thu' Zion wohl, denn du, Herr, bist getreu; mach' seine Mauern immer stark und neu! dann werden dir die Opfer wohlgefallen, die still empor aus frommen Herzen wallen.

F. A. Koethe.

Schlusssatz.

Aus dem 51. Psalm für 2 Tenöre und Baß von

E. Fabio.

Sotto voce.

Die be - reu - ende See - le ist vor Gott,

ist vor Gott, gleich ei - nem O - pfer;

ein zer-

ein zer - knirschtes Herz in sei - ner Bus - se wirst du

knirsch - tes Herz in seiner Bus - se wirst du, Gott,

Gott, du Gott ver - wer - fen nicht, wirst du

du, du Gott ver - wer - fen nicht,

Gott, du Gott, Gott ver - wer - fen nicht.

wirst du Gott,

Wirst nicht ver - schmä - hen from - me O - pfer

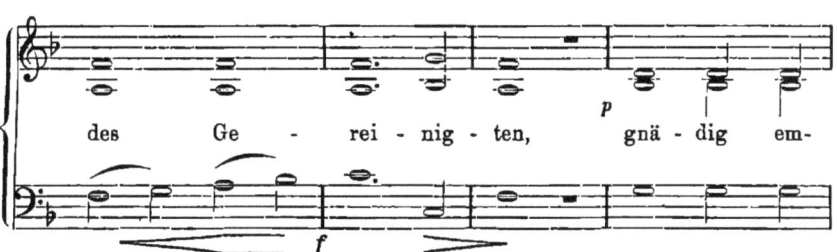

des Ge - rei - nig - ten, gnä - dig em -

pfan - ge die Wei - he - ga - ben,

V. S.

die er fei - ernd, die er fei - ernd in deinen heil'gen

Hal - len, in deinen heil'-gen Hal - len,

in deinen heil'-gen Hal - len, in deinen heil'-gen

in deinen heil' - gen

Hal - len, in dei - nen

Hal - len nie - der - legt,

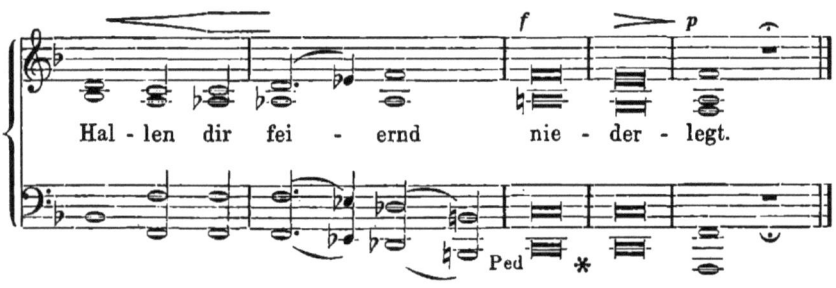

Hal - len dir fei - ernd nie - der - legt.

Chor.

Alles, was Odem hat, lobe den Herrn.

Silcher.

Al - les, was Odem hat, lo - be den Herrn! Alles, was Odem hat,

lo - be den Herrn! Al - les, was Odem hat, lo - be den Herrn!

Al - les, was Odem hat, lo - be den Herrn! lo - be den Herrn,
was Odem

lo - be den Herrn, lo - - - be

hat, was Odem hat, lo - be den Herrn.

lo - - be den Herrn! Al - les, was O - dem hat,

lo - - - - - be den Herrn, lo - -

Ped. *

- - - - - be, lo - be den Herrn! Hal - le-

lu - jah! Hal - le - lu - - - jah!

Ped. *

184

Erntefest.

Choral.

Mel.: Lobt Gott, ihr Christen etc.

1. Die Ernt' ist da, schon winkt der Halm dem Schnitter in das Feld; so schalle denn ein Freudenpsalm dem gros - sen Herrn der Welt.

2. Er ist's, der uns die Ernte giebt, er öffnet seine Hand. Heil uns, dass er beständig liebt und segnet unser Land.

3. Er senket in das Korn hinein den Keim voll Lebenskraft; giebt ihm von oben Sonnenschein und milden Nahrungssaft.

4. Oft zogen schwarze Wolken her, die mit Verderben drohn: er sprach — wir sahen sie nicht mehr, schnell waren sie entflohn.

5. Erhebet ihn, den Gott der Macht, der in Gewittern wohnt! Ihm werde Lob und Dank gebracht; er donnert und verschont.

6. Er will, und Segen strömt daher, dass Mensch und Thier sich nährt; das Kornfeld, wallend wie ein Meer, ist frohen Dankes werth.

7. So führet er die Erntezeit auf's Neue nun heran, und Jeder rühmt es hoch erfreut, wie wohl er uns gethan.

8. Des Schnitters Tag ist lang und schwül, doch freudig ist sein Muth: sein Auge sieht der Gaben viel; er denket: Gott ist gut.

9. Ja, gross ist deine Wundermacht, o Gott, im Wohlthun gross; sie wirkt am Tag und in der Nacht, und wirket gränzenlos.

10. Sie führet uns auf ebner Bahn, giebt Freud' und heilt den Schmerz. Nimm, Herr, auch unser Opfer an! Wir geben dir das Herz.

11. Ja, dir nur sei es ganz geweiht in freudigem Vertraun! Wie schön ist dann die Erntezeit, wenn wir dein Antlitz schaun!   Reche.

Chor.

Andante.   Joh. Chr. Fr. Schneider.

O Gott! o Gott, von dem wir Al - les haben, wir preisen, wir er-
wir

heben dich, wir prei - sen, wir er-he - - ben
preisen, wir er-he - ben dich, wir preisen, wir er-he - ben
wir preisen, wir er - he - ben dich, wir preisen, wir er-he - ben

wir preisen, wir er-heben dich, wir er-he - ben
dich, wir er-he - ben dich, wir er-he - ben
wir preisen, wir er-he-ben

dich! Du überschüttest uns mit Gaben, du überschüttest uns mit Gaben; du

(Für Gesang werden im Bass die kleinen Noten genommen.)

Choral.

Mel.: Mach's mit mir, Gott etc.

1. Lob - sing', o fro - hes Ern - te - fest, preis' ihn mit
der Saat in Hal - men sprie - sen lässt, mit Aeh - ren

Freu - den - psal - men, } und dass sie reich an Frucht gekrönt die Hal - men, }

deihn, giebt Re - gen, Thau und Son - nen - schein.

2. Im Wetterdunkel wandelt er, sä't Heil aus milden Händen, und fährt auf Blitz und Sturm einher, um Segen auszuspenden. Und wenn sie gleich mit Donnern spricht, doch spricht die Liebe: Zittert nicht!

3. Lobsingt! Uns füllte Gottes Hand die leeren Scheuern wieder. O du vom Herrn begabtes Land, tön' ihm des Dankes Lieder! Er dachte unsrer Schulden nicht, voll Gnade schien sein Angesicht.

4. Des Erntesegens reichen Theil: wer misst ihn? kann ihn wägen? Doch welch unendlich grösseres Heil beut Gott im Himmelssegen! Vergesst, wenn euch sein Gut erlabt, nicht dess, der euch so hoch begabt!

5. O lasst uns guten Samen streun in Gott geweihten Thaten! Gern giebt er Thau und Sonnenschein zum Wuchs solch edler Saaten. Dann ziehn wir einst im Jubelchor zum Erntefest durch Salems Thor.

Erntelied.

Mässig. Schulz.

1. Wir pflü-gen und wir streu - en den Sa - men auf das

Land, doch Wachsthum und Ge - dei - hen steht in des Höchsten

Hand. Er sen - det Thau und Re - gen und Sonn' und Monden-

schein, von ihm kommt al - ler Se - gen, von unserm Gott al - lein.

V. S.

Al - le gu - te Ga - be kommt her von Gott, dem Herrn, drum

dankt ihm, dankt, drum dankt ihm, dankt und hofft auf ihn.

2. Was nah' ist und was ferne, von Gott kommt Alles her, der Strohhalm und die Sterne, das Sandkorn und das Meer; von ihm sind Busch und Blätter und Korn und Obst von ihm, das schöne Frühlingswetter und Schnee und Ungestüm. Alle gute Gabe etc.

3. Er lässt die Sonn' aufgehen, er stellt des Mondes Lauf; er lässt die Winde wehen und thut die Wolken auf. Er schenkt uns so viel Freude, er macht uns frisch und roth, er giebt dem Viehe Weide und seinen Menschen Brod. Alle gute Gabe etc.

M. Claudius.

Choral.

Mel.: Nun lasst uns Gott dem Herrn etc.

1. Er - hebt von Her - zen Al - le mit fro - hem

Ju - bel - schal - le ihn, des - sen rei - che Ga-

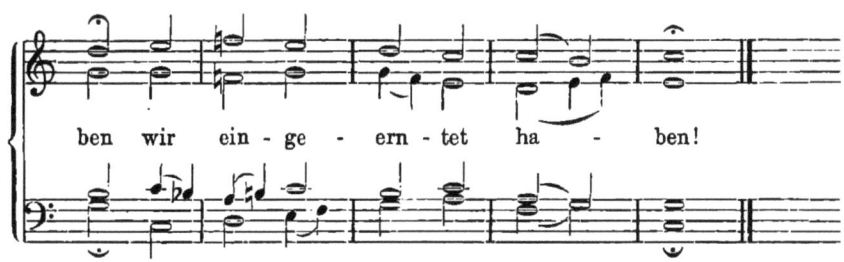

ben wir ein - ge - ern - tet ha - ben!

2. Ja, Herr, durch den wir leben, dich wollen wir erheben; laut tön' im Heiligthume das Lied von deinem Ruhme.

3. Das Wort, das du gesprochen, hast du noch nie gebrochen: du schaffest, dass auf Erden aus Saaten Ernten werden.

4. Du sprachst: da floss dein Segen, da troffen Thau und Regen; du riefst: und Licht und Wonne ergoss auf's Neu' die Sonne.

5. Da wogte, gleich den Meeren, die dichte Saat der Aehren; da reicht', uns zu erlaben, der Zweig die gold'nen Gaben.

6. Wo unser Auge weilte, da, guter Vater, eilte mit tausendfachem Segen uns deine Huld entgegen.

7. O, lass uns diesen Segen, wie gute Kinder pflegen, mit dankbar frohen Händen, wie du es willst, verwenden!

8. Lass freudig die uns laben, die nicht geerntet haben; erfreun, die Mangel leiden, die Nackenden bekleiden!

9. Dein Wort bleib' unvergessen: mit welchem Maas wir messen den Brüdern hier auf Erden, soll uns gemessen werden.

10. Nun rühmt noch einmal Alle, dass laut und froh es schalle: du, Gott, schenkst Erntegaben und dein ist, was wir haben!

Fröbing.

Danklied.

Für zwei Kinderstimmen mit Baßbegleitung.

2. Lobet den Herrn! Ja, lobe den Herrn auch meine Seele, vergiss es nie, was er dir Gut's gethan, was er dir Gut's gethan, was er dir Gut's gethan.

3. Sein ist die Macht! Allmächtig ist Gott. Sein Thun ist weise, und seine Huld wird jeden Morgen neu, wird jeden Morgen neu, wird jeden Morgen neu.

Choral.

Nach der Melodie: Was Gott thut, das ist wohlgethan.

1. Was Gott thut, das ist wohlgethan! So denken Gottes Kinder. Wer auch nicht reichlich ernten kann, den liebt der Herr nicht minder; er zieht das Herz doch himmelwärts, auch wenn wir hier auf Erden beim Mangel traurig werden.

2. Was Gott thut, das ist wohlgethan! im Nehmen und im Geben; was wir aus seiner Hand empfahn, genüget uns zum Leben. Er nimmt und giebt, weil er uns liebt; lasst uns in Demuth schweigen und vor dem Herrn uns beugen.

3. Was Gott thut, das ist wohlgethan! Wer darf sein Walten richten, wenn er, noch eh' man ernten kann, den Segen will vernichten? weil er allein der Schatz will sein, nimmt er uns andre Güter, zum Heile der Gemüther.

4. Was Gott thut, das ist wohlgethan; es geh nach seinem Willen! Lässt es sich auch zum Mangel an: Er weiss das Herz zu stillen. Wer als ein Christ genügsam ist, kann auch an wenig Gaben mit Dankbarkeit sich laben.

5. Was Gott thut, das ist wohlgethan; lasst in Geduld uns fassen! Er nimmt sich unser gnädig an und wird uns nicht verlassen! Er, unser Gott, weiss, was uns Noth, und wird es gern uns geben; auf! lasst uns ihn erheben!

Schmolke.

Allgemeine Kirchenlieder.
Choral.

C. F. Becker.

1. Herr, dei - ne Kir - che dan - ket dir: noch wohnt dein Wort im Lan - de; von dei - ner Gna - de ha - ben wir noch dei - nen Geist zum Pfan - de.

V. S.

Kommt sie in Ge - fahr durch der Fein - de Schaar:

dann Herr Je - su Christ, be - sie - ge Macht und

List, und herrsch' in je - dem Lan - de.

2. Sei, Herr, mit uns; verlass uns nie, als deines Leibes Glieder! Hilf deiner Kirch' und lass auf sie mit Schutz und Rath dich nieder! Sie, die dir vertraut, hast du selbst erbaut; ach, erhalt sie rein! Und die den Bund entweihn, die heilige dir wieder.

3. Eins, Herr, ist, was dein Zion kränkt: dass unter deinen Christen noch mancher deiner nicht gedenkt, beherrscht von seinen Lüsten. Vieler Glaub' ist schwach, kalt die Lieb', und ach, sie bedenken nicht: es wart' ein schwer Gericht auf träge, siechre Christen.

4. Und du, o Jesu, bist so treu! Ach, dass wir frömmer wären! Mach' alle Herzen rein und neu; lass alle sich bekehren! Der das Gute schafft, gieb uns Lieb' und Kraft, gieb uns tapfern Muth, zu wagen Gut und Blut zu deines Namens Ruhme!

5. Entferne Zwietracht, Krieg und Mord; erhalt' uns Ruh' und Frieden! Lass uns, gestärket durch dein Wort, im Guten nie ermüden! Der du gingst voran, ebne selbst die Bahn: nach der Prüfungszeit führ' uns zur Seligkeit, zu deines Himmels Freuden!

Uhlich.

Choral.

Nach der Melodie: O grosser Gott, du etc.

1.   Kommt, fromme Christen, theure Brüder, vereint im Geist vor Gott zu stehn; kommt, wir sind eines Leibes Glieder, kommt, unsern Schöpfer zu erhöhn! Frohlockend preiset Jesum Christ, der unser Haupt und Mittler ist.

2.   O lasst uns schmecken und empfinden, wie freundlich Gott den Seinen ist! Er, der so gnädig unsrer Sünden, sobald wir Busse thun, vergisst, von Neuem uns als Kinder liebt und liebreich Gnad' um Gnade giebt.

3.   Wie nichtig sind der Erde Freuden dem, der des Himmels Freuden schmeckt; wie süss der Trost, wenn man im Leiden sein Herz dem besten Freund entdeckt! Wie nichts ist alles Glück der Welt dem, der an seinen Gott sich hält!

4.   Erleuchte selbst, Herr, unsre Seelen; vertreib' aus uns des Irrthums Nacht; lass unser Heil uns nicht verfehlen, das du uns selber kund gemacht, damit dein grosser Ruhetag dort ewig uns beglücken mag.

Choral.

Nach voriger Melodie.

1.   Noch sing' ich hier aus dunklen Fernen, Herr meines Lebens, dir mein Lied, bis einst, weit über allen Sternen, dich mein verklärtes Auge sieht; dann schallet dir im Jubelklang mit allen Sel'gen mein Gesang.

2.   Wohl mir, du schauest auf mich nieder, steigt mein Gebet zu dir hinan; du hörst den Dank der schwachen Lieder, und nimmst mein Flehen gnädig an. Wenn sich mein Herz zu dir erhebt, fühl' ich mich neu durch dich belebt.

3.   Wie selig war't ihr, stille Stunden, da ich das Lob des Höchsten sang; Entzückung hab' ich da empfunden, die durch die frohe Seele drang. Mein Herz, wenn dir mein Lied erscholl, ward seliger Empfindung voll.

4.   Oft hab' ich auch die Last der Leiden mir durch ein Trostlied leicht gemacht, und wieder Stille, Ruh' und Freuden in mein beklommnes Herz gebracht; die Hoffnung lebte wieder auf, trug mich mein Lied zu dir hinauf.

5.   Drum will ich mit den frommen Schaaren zu deinem Tempel freudig gehn, wo einst auch die versammelt waren, die nun vor deinem Throne stehn; sie schauten hier im dunklen Wort: von Angesicht schaun sie dich dort.

Heeren.

Choral.

Mel.: Aus meines Herzens Grunde etc.

1. Thu' auf die heil'-gen Pfor - ten, o Kir-che, hoch er - freut!
    Nun ist dein Jahr ge - wor - den: dein Heil wird auch er - neut.

Er, den du suchst, ist hier; komm, streue Friedens-pal - men, sing'

Ho - si - an - na Psal - men: dein Kö - nig kommt zu dir.

2. Noch denkt er seines Bundes, wie er verheissen hat. Du Stadt des Felsengrundes, noch bist du seine Stadt. Mach' ihm die Thore weit! Er bringt die Himmelswonne; er ist der Wahrheit Sonne und der Gerechtigkeit.

3. Er führt im Jahreskreise von Fest zu Fest den Lauf, und schliesst zu Gottes Preise dir seine Wunder auf. Und was die Vorwelt sah in heiligen Gestalten, das lässt er nie veralten, das bleibt dir ewig nah'.

4. Du hörst den Ruf der Seher: „Das Heil ist nicht mehr fern!" Und näher kommt es, näher: du hast's in deinem Herrn. O heil'ger Seelenreiz! du stehst an seiner Krippe, du hängst an seiner Lippe, du weinst an seinem Kreuz!

5. Und göttliche Bewährung siehst du in seiner That, und göttliche Verklärung in seinem Himmelspfad. Wenn Frühlingsodem weht, fühlst du des Geistes Wehen und siehst sein Reich erstehen, das nimmer untergeht.

Choral.

Mel.: Wunderbarer König etc.

1. Gott ist gegenwärtig; lasset uns anbeten und in Ehrfurcht vor ihn treten!
   Gott ist in der Mitten; Alles in uns schweige, und sich innigst vor ihm neige!
   Wer ihn kennt, wer ihn nennt, fall' in Demuth nieder, gebt das Herz ihm wieder.

2. Gott ist gegenwärtig, dem die Cherubinen Tag und Nacht gebeuget dienen; heilig, heilig, heilig singen ihm zur Ehre aller Engel hohe Chöre. Herr, vernimm unsre Stimm', wenn auch wir Geringen unsre Opfer bringen!

3. Wir entsagen willig allen Eitelkeiten, die mit deinem Dienste streiten. Wir geloben heilig, Seele, Leib und Leben dir zum Eigenthum zu geben. Du allein sollst es sein, den wir kindlich ehren, dem wir angehören.

4. Majestätisch Wesen! möchten wir dich preisen und dir Dienst im Geist erweisen! möchten's wie die Engel, die stets vor dir stehen und dich gegenwärtig sehen! Lass uns dir für und für trachten zu gefallen, heil'ger Gott, in Allen.

5. Geist, der Alles füllet, aller Dinge Leben, du, in dem wir sind und weben! Meer ohn' Grund und Ende: dich erforscht kein Denken; in dich will ich mich versenken. Ich in dir, du in mir. Lass mich ganz verschwinden, dich nur sehn und finden.

6. Du durchdringest Alles: lass dein Licht uns spüren, innig unser Herz berühren! Wie die zarten Blumen willig sich entfalten und der Sonne stille halten: dass wir so, still und froh, deine Strahlen fassen und dich wirken lassen.

7. Mach' uns nur einfältig, innig, abgeschieden, sanft und still in deinem Frieden. Mach' uns reines Herzens, dass wir deine Klarheit mögen schaun in Geist und Wahrheit. Lass das Herz himmelwärts wie ein Adler schweben, und in dir nur leben.

8. Komm, in uns zu wohnen! Lass schon hier auf Erden ganz dein Heiligthum uns werden. Komm, du gütig Wesen, dich in uns verkläre, deine Lieb' in uns vermehre. Wo wir gehn, wo wir stehn, lass uns dich erblicken, ganz zu dir uns schicken.   Tersteegen.

Choral.

Nach der Melodie: Wie schön leuchtet der Morgenstern etc.

1. Sei uns gesegnet, Tag des Herrn! Zu Gottes Preise nah' und fern weckst du der Christen Menge. Ihr Lobgesang tönt spät und früh; zum Heiligthume wallen sie in festlichem Gedränge. Froher schallen ihre Lieder, wo die Brüder anzubeten innig vor den Vater treten.

2. Komm, Geist der Andacht und der Ruh', auch unsern Tempel weihe du zu feierlicher Stille! Mach' unser Herz vom Irrthum los; uns werde Gottes Name gross, sein Wille unser Wille; fromme Liebe, Brudertreue, lass auf's Neue uns beleben, Jesu Vorbild nachzustreben!   Niemeyer.

Choral.

Mel.: Werde munter mein Gemüthe etc.

1. Hehr und hei - lig ist die Stät - te, wo die Christen
   Lass, so oft ich sie be - tre - te, mich, o Herr, dein

zu dir flehn.
An - tlitz sehn. In der Welt ist Sorg' und Streit,

all' ihr Glück ist Ei - tel - keit: hier find' ich, von

ihr ge - schieden, dei - ne Ruh und dei - nen Frieden.

2. Heil'ges Wort der ew'gen Wahrheit, das dem Irrthum uns entriss, du erhellst durch deine Klarheit unsers Geistes Finsterniss. Meine Schuld enthüllst du mir, jeder Trug entflieht vor dir; wo du, heil'ges Wort, erklungen, hast du Mark und Bein durchdrungen.

3. Sorgenvoll mit bangem Zagen trat ich oft in's Heiligthum: doch bald stillte meine Klagen, Herr, dein Evangelium. Willig, wie aus Vaterhand, nahm, zum Mittler hingewandt, ich, in Demuth hingesunken, auch den Kelch, den er getrunken.

4. Tret' ich zu des Altars Stufen, schuldgebeugt vor dir zu knie'n, hör' ich deine Stimme rufen: „Sei getrost: dir ist verziehn!" Hochbegnadigt steh' ich auf; fröhlich fördr' ich meinen Lauf, und mein Herz ist voll Vertrauen, was ich glaube, dort zu schauen.

5. Sieht mein Auge, nass von Thränen, der Geliebten Stelle leer: hier stillt sich das bange Sehnen, bei dem Zuruf: „Weint nicht mehr!" Aus der Welt voll Kampf und Streit in des Himmels Herrlichkeit, in das Vaterland der Frommen, hat der Herr sie aufgenommen.

6. Bin auch ich dereinst verschwunden aus der frommen Hörer Zahl, werd' ich einst nicht mehr gefunden bei des Herrn geweihtem Mahl: dann in's höh're Heiligthum ging mein Geist mit Preis und Ruhm, dass er ewig sich vereine mit der himmlischen Gemeine.

Niemeyer.

Choral.

1. Herr, es ist der Tag er - schie - nen,

wel - cher dein vor al - len heisst und mich

zu dem Him - mel weist; da - rum komm' ich,

dir zu die - nen an dem Ta - ge dei - ner

Ruh'; gieb mir Schwachen Kraft da - zu.

2. Halte fern an diesem Morgen von mir das Geräusch der Welt, die mir nur zu leicht gefällt. Brich die Macht der eitlen Sorgen, dass ich heut', von Allem frei, dir allein ergeben sei.

3. Schmücke mich mit deinen Gaben, stärke mich mit deiner Kraft, die den neuen Menschen schafft. Welche Wonne werd' ich haben, wenn mit heiliger Begier ich mich freue, Herr, in dir!

4. Gieb, dass mich dein Wort durchdringe, steh mit deinem Geist mir bei, dass es in mir kräftig sei. Wenn ich bete, wenn ich singe, siehe du mich gnädig an und lass mich dein Heil empfahn.

5. Lass mich nicht in Sünden fallen, lass mich fest im Glauben stehn, voll Vertrauen auf dich sehn. Lieber Vater, hilf uns Allen, dass der Ruhe heil'ger Tag uns ein Segen werden mag!

Choral.

Mel.: Straf mich nicht etc.

1. Komm, o Je - su, na - he dich, mein Ge-
und vor Al - lem kräf - tig - lich mich zu

müth zu rüh - ren)
dir zu füh - ren! } dass ich dich

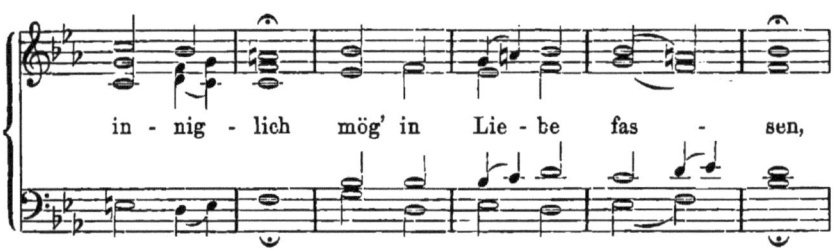

in - nig - lich mög' in Lie - be fas - sen,

al - les An - dre las - sen.

2. Sammle den zerstreuten Sinn, treuer Freund der Seelen! Wenn von dir ich fern noch bin, muss die Ruh' mir fehlen. Lust, wie Schmerz, quält das Herz; du allein kannst geben Ruhe, Freud' und Leben.

3. Mache mich von Sorgen frei, von der Welt geschieden, dass ich voll Verlangen sei nur nach deinem Frieden; dass mein Will' sanft und still ohne Widerstreben dir sich mög' ergeben.

4. Stellt die Welt auf flücht'ge Lust all ihr Thun und Treiben, so sei mir nur Eins bewusst: Herr, in dir zu bleiben. Herz und Muth hat es gut, wenn ich mich nur übe, Herr, in deiner Liebe.

5. Alles Eitle bleibe fern und was sonst kann stören. Rede du, so schweig' ich gern, will dein Wort nur hören. Schaffe du wahre Ruh', zeige meinem Hoffen deinen Himmel offen.

6. Was noch flüchtig, sammle du; was noch stolz ist, beuge. Was verwirret, bring' zur Ruh'; was noch hart, erweiche; dass vor dir nichts in mir lebe, noch erscheine, als mein Freund alleine.

Tersteegen.

Choral.

Nach der Melodie: Schmücke dich, o liebe Seele etc.

1. Zeige dich uns ohne Hülle; ström' auf uns der Gnaden Fülle, dass, o Herr, an deinem Tage unser Herz der Welt entsage; dass wir uns zu dir erheben durch die Macht, die dir gegeben; dass die glaubende Gemeine mit dem Vater sich vereine!

2. O dass Alle frei von Bürden, von der Sünde Lasten würden; All' Ein Herz, Ein Sinn, Ein Wille, heilig wie die Sabbathsstille! dass aus deines Himmels Höhen wir des Lichtes Aufgang sähen, das uns völlig einst verkläret, wenn der Sabbath ewig währet!

3. Was ich strahlen seh' am Throne, ist es nicht der Sieger Krone? Was von dort herab ich höre, sind's nicht Ueberwinderchöre? Feiernd tragen sie die Palmen; ihr Triumph erschallt von Psalmen. Herr, du selber wollst mich weihen zu der Feier deiner Treuen!

4. Heil'ge mich zu deinem Bilde, decke mich mit deinem Schilde, rüste mich zu jenem Tage, dass ich's frohen Muthes wage, dort zu wandeln, wo voll Gnaden du zum Mahl uns eingeladen! wo nicht mehr die Streiter ringen, wo sie Siegeslieder singen!

Klopstock.

204

Choral.

Mel.: Nun lob' mein' Seel' den Herren etc.

1. { Froh - lo - ckend lasst uns tre - ten vor
     Mit freu - di - gen Ge - be - ten lohnt

un - sern Gott mit Preis und Ruhm! }
ihn in sei - nem Hei - lig - thum; } ihn, der an

al - len En - den des Se - gens giebt so

viel, und der mit Va - ter - hän - den uns

lei - tet   an   das   Ziel.   Lang - mü - thig   ge - gen

Sün - der   ist   er   von   Keinem   fern.   Lobt   ihn, ihr

sei - ne   Kin - der!   ihr   Chri - sten   dankt ihm   gern!

2. Ihr, Eines Hauptes Glieder, voll Andacht einigt Herz und Mund!
durch Christum Alle Brüder, macht eures Vaters Gnade kund! Zu Einem Heil
berufen, habt Alle Einen Sinn; so tretet zu den Stufen des Gnadenthrones hin!
Der Zwietracht Geist verschwinde, verbannt sei Hass und Neid, und jedes Herz
empfinde der Liebe Seligkeit!

3. Und wenn an heil'ger Stätte einmüthig wir dich so erhöhn, so wirst
du die Gebete der gläub'gen Seelen nicht verschmähn. Du hörst, wenn wir
von Herzen dir danken, treuer Gott, wie, wenn wir unter Schmerzen dir klagen unsre Noth. O neig' auch jetzt von oben zu uns dein Angesicht, bis wir
dich würd'ger loben dort in dem ew'gen Licht!

Choral.

1. Herr Je - su Christ, dich zu uns wend', dein' heil'-gen Geist du zu uns send'; mit Hülf' und Gnad' er uns re- gier' und uns den Weg zur Wahrheit führ'.

2. Thu' auf den Mund zum Lobe dein, bereit' das Herz zur Andacht fein; den Glauben mehr', stärk' den Verstand, dass uns dein Nam' werd' wohlbekannt.

3. Bis wir singen mit Gottes Heer: Heilig, heilig ist Gott der Herr! und schauen dich von Angesicht in ew'ger Freud' und sel'gem Licht.

4. Ehr' sei dem Vater und dem Sohn und heil'gen Geist in Einem Thron; der heiligen Dreieinigkeit sei Lob und Preis in Ewigkeit. Wilhelm II.,
Herzog von Sachsen-Weimar.

Choral.

Nach voriger Melodie.

1. Der du stets unsre Zuflucht bist, sei mit den Deinen, Jesu Christ! send' uns den Geist, der uns regiert und uns den Weg zur Wahrheit führt!

2. Er stärkt den wankenden Verstand, macht deinen Vater uns bekannt; er flammt zur Heiligkeit uns an; er leitet uns des Lebens Bahn.

3. Gelobt sei Gott! Einst singen wir, Gott, „heilig, heilig, heilig," dir und schauen dich in deinem Licht von Angesicht zu Angesicht.

Bitte um Segen.

Aus dem 16. Jahrhundert.

1. Gott sei uns gnä-dig, und barmher - zig, und geb' uns sei - nen göttlichen Se - gen. 2. Er lass' über uns sein An - tlitz leuch - ten, dass wir auf Er-den er - kennen sei-ne We - ge. 3. Es seg-ne uns Gott, un - ser Gott! Es seg-ne uns Gott und geb' uns sei-nen Frieden. A - men.

Choral.

1. Lieb - ster Je - su wir sind hier,
len - ke Sin - nen und Be - gier

dich und dein Wort an - zu - hö - ren:
auf die sel' - gen Him - mels - leh - ren,

dass die Her - zen von der Er - den

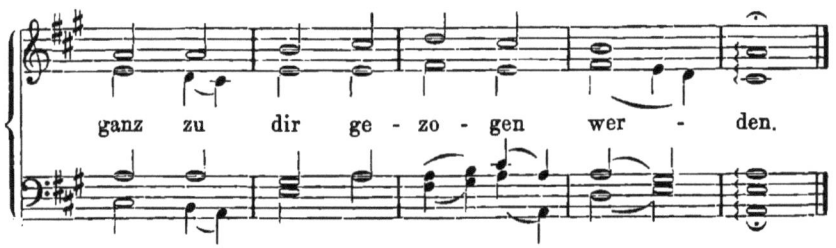

ganz zu dir ge - zo - gen wer - den.

2. Unser Wissen und Verstand ist mit Finsterniss umhüllet, wenn der Geist, den du gesandt, nicht mit Klarheit uns erfüllet. Was uns frommt zum wahren Leben, musst du selbst von oben geben.

3. O du Glanz der Herrlichkeit, Licht vom Licht, aus Gott geboren, mach' uns allesammt bereit, öffne Herzen, Mund und Ohren! unser Beten, Flehn und Singen lass, Herr Jesu wohl gelingen!

Clausnitzer.

Choral.

Nach voriger Melodie.

1. Herr, vor deinem Angesicht hat die Andacht uns versammelt: ach, verwirf die Bitte nicht, die dein Volk dir, Höchster, stammelt. Hör' auf unsre Lieder und sieh' gnädig auf uns nieder.

2. Lass das Wort, das hier erschallt, tief in unsre Herzen dringen, und mit göttlicher Gewalt jeden Widerstand bezwingen; dass es unsern Sinn erneue und das Herz mit Trost erfreue.

3. Dein Gebot, das wir erkannt, hilf du selbst uns treulich üben, dich, und den du uns gesandt, Jesum Christum herzlich lieben, dass kein Leid und keine Freude je von deiner Lieb' uns scheide.

Choral.

Nach voriger Melodie.

1. Wir erscheinen hier vor dir, dich, o Vater, zu verehren, und in deinem Tempel hier auf dein heilig Wort zu hören, von der Welt uns zu entfernen und der Wahrheit Weg zu lernen.

2. Gieb uns deinen Geist, o Gott, und durch ihn den wahren Glauben! niemals lass der Lästrer Spott dieses Segens uns berauben! Gieb auch Licht und Muth und Stärke uns zu jedem guten Werke.

3. Hilf, dass alle Sünder sich durch dein Wort zu dir bekehren, und wir Alle, Gott, durch dich gern vollbringen, was wir hören: Alle fromm durch dich auf Erden, All' im Himmel selig werden!

Cramer.

Choral.

Mel.: Den Herren lobt, ihr Heiden all' etc.   C. Goudimel.

1. A - men! Lob, Preis und Herr - lich - keit sei un - serm

Gott zu al - ler Zeit! Wir gehn wohl fort aus sei - nem

Haus, doch Got - tes Leuchte lischt nicht aus. Das Lied ver-

hallt, der Se - gen bleibt; das Wort be - steht, die Welt zer - stäubt.

2. Herr, führ' uns all' auf Christi Bahn zu Licht und Freiheit himmelan! Die Liebe mehr', den Glauben stärk', und baue fort dein heilig Werk, bis All' Ein Sinn zu Christo treibt, der bis an's Ende bei uns bleibt!

Sachse.

Choral.

Nach der Melodie: Straf mich nicht in deinem Zorn etc.

1. Freude sei des Kirchenjahrs letzte, stille Feier! Es entflicht! und o, wie war's allen Seelen theuer, die dem Herrn immer gern liebend näher kamen, und sein Wort vernahmen!

2. Preis' ihn laut, o Christenheit! Seliger Erkenntniss war auch dieses Jahr geweiht! Bring' ihm das Geständniss heut' auf's Neu': er sei treu seinem Vaterherzen stets, in Freud' und Schmerzen.

3. So beschütz' und bleib uns denn! Es will Abend werden! Steure den Abtrünnigen überall auf Erden, bis du einst hehr erscheinst, Richter deiner Brüder, Haupt der treuen Glieder.

4. Lieb' und Eintracht fliehe nicht, Herr, aus unsern Gränzen! Lass uns deiner Wahrheit Licht immer reiner glänzen! Wer noch irrt, treuer Hirt, den auch wollst du finden und mit dir verbinden!

Choral.

Mel.: Christus, der uns selig macht etc.

1. Der du selbst die Wahrheit bist, Gott zu dem ich sin - ge; Gott, den kein Ver-stand er - misst;

Ur - sprung al - ler Din - ge! al - le Wahrheit

kommt von dir zu den Menschen - kin - dern; sie er-

leuchtet uns wenn wir nur ihr Licht nicht hin - dern.

2. Vorurtheil und Finsterniss füllen unsre Seelen; unser Blick ist unge-
wiss; unsre Schlüsse fehlen: aber dein Verstand ist Licht, Urquell aller Wahrheit! und vor deinem Angesicht, Herr, ist Alles Klarheit.

3. Wirf dich, sterbliches Geschlecht, dankbar ihm zu Füssen! Seine Wahrheit und sein Recht lässt dein Gott dich wissen. Weit erschallt das Wort des
Herrn, das die Welt bekehret; glaubt es freudig, folgt ihm gern, Völker, die
ihr's höret!

4. Gott, was uns dein Wort verspricht, wird und muss geschehen; was
es droht, auch das kann nicht leer vorübergehen. Haben Tausende nicht schon,
welche vor uns waren, deine Strafen, deinen Lohn, heil'ger Gott, erfahren?

5. Seele, wolltest du nicht Gott zuversichtlich glauben? soll der Leicht-
sinn, soll der Spott, deinen Trost dir rauben? Kann er, der die Welt gebaut,
kann die Wahrheit lügen? Nein, der Mensch, der Gott nicht traut, wird sich
selbst betrügen.

6. Erd' und Himmel wird vergehn: Gott, dein Wort wird bleiben; stolze
Frevler, die es schmähn, werden's nicht vertreiben. Wenn ich hier auch um
dein Wort Schmach und Trübsal leide, Herr, so lohnest du mir dort einst mit
Ehr' und Freude.   Münter.

Choral.

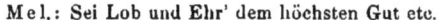

Mel.: Sei Lob und Ehr' dem höchsten Gut etc.

1. { Der Herr ist Gott und Kei - ner mehr: frohlockt ihm, all' ihr
Wer ist ihm gleich? wer ist, wie er, so herr - lich, so voll-

From - men! } Der Herr ist gross, sein Nam' ist gross, un - endlich
kom - men?

ist und gren - zen - los der Herr in sei - ner Grös - se.

2. Ihn trifft kein Wechsel flücht'ger Zeit in seines Himmels Höhen, und seine Gröss' und Herrlichkeit wird ewiglich bestehen. Wir Menschen sind von gestern her; eh' Erd' und Himmel ward, war er, und ewig wird er bleiben.

3. Um seinen Thron her strömet Licht, das ihn vor uns verhüllet. Ihn fassen alle Himmel nicht, die seine Kraft erfüllet. Er bleibet ewig, wie er war, verborgen und doch offenbar in Wundern seiner Werke.

4. Wo wären wir, wenn seine Kraft uns nicht gebildet hätte? Er kennet Alles, was er schafft, der Wesen ganze Kette. Bei ihm ist Weisheit und Verstand, und Kraft und Stärk' in seiner Hand, sein Wort trägt Erd' und Himmel

5. Ist er nicht nah'? ist er nicht fern? Weiss er nicht Aller Wege? Wo ist die Nacht, die sich dem Herrn ein Mensch verbergen möge? Verdecket euer Thun nicht mehr! Gedanken selbst erkennet er, noch ehe sie entstehen.

6. Wer hält den Weltbau ohne dich? Wer schützt ihn vor dem Falle? Allgegenwärtig breitet sich dein Fittig über Alle! Du bist voll Freundlichkeit und Huld, langmüthig, gnädig, voll Geduld, ein Vater, ein Erbarmer.

7. Unsträflich bist du, heilig, gut, und reiner als die Sonne. Wohl dem, der deinen Willen thut; du lohnest ihm mit Wonne! Du hast Unsterblichkeit allein, bist selig, wirst es ewig sein, hast Freude, Gott, die Fülle.

8. Dir nur gebühret Lob und Dank, dir Majestät und Ehre! Kommt, werdet Gottes Lobgesang, ihr, alle seine Heere! Der Herr ist Gott und Keiner mehr! Wer ist ihm gleich? wer ist, wie er, so herrlich, so vollkommen?

Cramer.

Choral.

Nach der Melodie: Nun lob' mein' Seel' etc.

Der Herr ist nahe denen, die willig thun, was er gebot; hört sie, zählt ihre Thränen; erscheint, verscheucht, was ihnen droht. Wohl mir! denn mir zur Rechten, zur Linken ist mir Gott in meines Kummers Nächten, und wo ich seufz', ist Gott; im Sturm, im Tod, im Grabe, und überall ist Gott.

Choral.

Mel.: An Wasserflüssen Babylons etc.

1. Ge - treu - er Gott, wie viel Ge - duld er - zei - gest
   Wir häu - fen täg - lich un - sre Schuld, du häu - fest

du uns Ar - men!
dein Er - bar - men.
Was ist des Men - schen

Le - bens - lauf? Er ist ver - derbt von Ju - gend auf; sein

Sinn ist dir ent - ge - gen: und doch, o Va - ter,

suchst du ihn, von seinen Sün - den ab - zu - ziehn, zur

Bus - se zu be - we - gen.

2. So giebst du Sündern Zeit und Raum, der Strafe zu entgehen; du läss'st den unfruchtbaren Baum nicht ohne Pflege stehen. Du wartest sein und suchest Frucht, und wenn du gleich umsonst gesucht, hörst du nicht auf zu bauen. Du schonest sein von Jahr zu Jahr, sowie ein Gärtner immerdar noch Früchte hofft zu schauen.

3. Gerechter Gott, so grosse Huld erzeigst du frechen Sündern; und wie viel Nachsicht und Geduld hast du mit deinen Kindern! Sie werden ja, wenn Fleisch und Welt dem eiteln Herzen Netze stellt, oft sicher, matt und träge; sie straucheln, sie verirren sich, sie fallen oft, verlassen dich und deine heil'gen Wege.

4. Du warnst sie liebreich vor Gefahr, so oft sie irre gehen; reichst ihnen Hand und Stärke dar, von Sünden aufzustehen. Du lockest sie voll Lieb' und Huld; versprichst, durch Christum ihre Schuld und Fehler zu vergeben; verheissest ihnen Geist und Kraft, und, nach vollbrachter Pilgerschaft, Sieg, Ruhe, Freud' und Leben.

5. O Langmuth, der nichts gleichen kann! Sieh' uns in deinem Sohne, in Christo, sieh' uns gnädig an; ach, hilf von deinem Throne! Ach hilf, dass deine Treu' und Huld ja nicht vermehre unsre Schuld; dass wir das Böse hassen, und uns noch in der Gnadenzeit den Reichthum deiner Gütigkeit zur Busse leiten lassen!

Zimmermann.

Choral.

Nach der Melodie: Liebster Jesu, wir sind etc.

1. Gott, Allweiser, wer bin ich, deine Weisheit zu ergründen? Halm und Sonne rühmen dich, jeder Wurm muss dich verkünden; doch kein Auge kann erspähen deine Tiefen, deine Höhen.

2. Deiner Welten weites All rühmt im ungemessnen Kreise; aller Himmel Wiederhall tönet laut: der Herr ist weise! sicher in der Weisheit Händen ruhen aller Himmel Enden.

3. Und der Mensch, der Erdenstaub, will den Rath des Höchsten richten? Er, des leisen Lüftchens Raub, will die Ernten Gottes sichten? Darf der Knecht des Herrn vergessen? Gott nach Menschenmaasse messen?

4. Was dein Rath geschehen heisst, wohl mir! kann kein Thor verhindern. Walte fort und sei gepreist, Herr, von allen deinen Kindern! Ob sie's oft nicht fassen mögen, ist dein Thun doch lauter Segen.

5. Ew'ge Weisheit, rede du: auf dein Zeugniss kann ich bauen. Führe mich dem Himmel zu: deiner Führung kann ich trauen. Bist am Abend du verborgen, hat verklärt dich schon der Morgen.

6. Einst durchschau' ich sonnenklar deiner Liebe Wunderwege; hilf nur, dass ich immerdar dir in Demuth folgen möge. Meine Weisheit sei auf Erden, weise durch dein Wort zu werden.

Garve.

Choral

von Schicht.

1. Gott ist mein Lied! Er ist der Gott der Stär-

ke; hehr ist sein Nam', und gross sind sei - ne Wer-

ke, und al - le Him - mel sein Ge - biet!

2. Er will und pricht's:
So sind und leben Welten.
Und er gebeut,
So fallen durch sein Schelten
Die Himmel wieder in ihr Nichts!

3. Licht ist sein Kleid,
Und seine Wahl das Beste;
Er herrscht als Gott,
Und seines Thrones Feste
Ist Wahrheit und Gerechtigkeit!

Anmerk. Die hier fehlenden Verse stehen auf Seite 19.

Choral

von Hiller.

1. Gott ist mein Lied! Er ist der Gott der Stär - ke;

hehr ist sein Nam', und gross sind sei-ne Wer-ke,

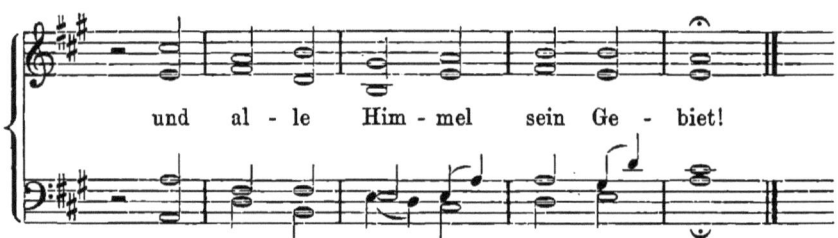

und al - le Him - mel sein Ge - biet!

2. Er will und spricht's:
    So sind und leben Welten.
    Und er gebeut,
    So fallen durch sein Schelten
    Die Himmel wieder in ihr Nichts!

3. Licht ist sein Kleid,
    Und seine Wahl das Beste;
    Er herrscht als Gott,
    Und seines Thrones Feste
    Ist Wahrheit und Gerechtigkeit!

Siehe die Anmerkung auf voriger Seite.

Choral.

Nach der Melodie: Mein Jesu, dem die Seraphinen etc.

1. O Herr, ich sehe deine Werke mit innigster Bewundrung an. Wie hat sich deine Macht und Stärke im Reich der Schöpfung kund gethan! Wer könnte würdig von dir singen? Du kannst das, was du Willens bist, was aller Welt unmöglich ist, durch deinen starken Arm vollbringen.

2. Einst werden wir noch klarer schauen, wie stark dein Arm sei, grosser Fürst, wenn du die neue Erde bauen, den neuen Himmel bilden wirst; wenn deine Hand den Staub berühret, und das, was in den Gräbern liegt, durch einen Wink zusammenfügt und aus den Ruhekammern führet.

3. Herr, lass mich deine Allmacht preisen, und unverrückt im Glauben ruhn, du werdest auch, was du verheissen, schien's gleich unmöglich, dennoch thun. Drum lass mich zu dir gläubig flehen, denn deiner Kraft ist nichts zu schwer; du kannst noch überschwänglich mehr, als was wir bitten und verstehen.

4. An deiner Stärke will ich hangen, da ich so schwach und hilflos bin. Erhöre gnädig mein Verlangen und nimm die Ohnmacht von mir hin. Muss ich an meiner Kraft verzagen: ich will, wo du mich hingestellt, das Schwerste auch wenn dir's gefällt, getrost auf deine Hülfe wagen.

5. Und wär' das Schwerste fromm zu leiden, es still zu tragen mein Beruf: lass nichts mich von dem Glauben scheiden: du willst es, der mich liebend schuf. Nicht zagend, muthig lass mich schauen zu dir empor auf rauher Bahn; auf dich, der Alles weiss und kann, mit unerschrockner Seele bauen.

Choral.

Nach der Melodie: Nun lob' mein' Seel' etc.

1. Mit fröhlichem Gemüthe dankt, die ihr Christo angehört, dankt Gott, dass seine Güte, so wie sein Walten, ewig währt! Nach so viel tausend Jahren, die durch sie alle reich an Heil und Segen waren, bleibt sie sich immer gleich. Nie hört sie auf zu sorgen, und sorget immer treu. Sie wird mit jedem Morgen an seinen Kindern neu.

2. Süss ist das Licht der Sonne, das täglich jedes Aug' entzückt; weit süsser ist die Wonne, womit uns Gottes Güt' erquickt. Erfreulich ist das Leben und schauervoll der Tod; doch besser noch als Leben ist deine Güt', o Gott. Wie ist sie uns so theuer! Ihr Trost verlässt uns nie. Was ist wohl milder, treuer und tröstender, als sie?

3. Zu ihrem Lob erwecke vor Allem du dein Herz, o Christ! komm her, und sieh' und schmecke, wie freundlich Gott, dein Vater, ist! Auf! seinen Ruhm erzähle dein frommes Saitenspiel, und deine ganze Seele sei Andacht und Gefühl! von seiner Güte sage, wie treu sie für uns wacht, ein Tag dem andern Tage, die Nacht der andern Nacht.

4. Wir sind viel zu geringe der Treu', die du an uns gethan; wir schaun so grosse Dinge, Erbarmer, mit Erstaunen an. Du schenkst den Sohn uns Sündern, erlösest uns durch ihn, erwählest uns zu Kindern, willst selbst uns zu dir ziehn. Auf! weil in Jesu Namen ihm unser Lob gefällt, lobsingt ihm! Amen, Amen! sein Lob füll' alle Welt.

Schlegel.

Choral.

2. Gott ist und bleibt getreu! Er hilft ja selber tragen, was er uns auferlegt, die Last der schweren Plagen. Er braucht oft strenge Zucht und bleibet doch dabei ein Vater, der uns liebt: Gott ist und bleibt getreu.

3. Gott ist und bleibt getreu! Er weiss, was wir vermögen, er pfleget nie zu viel den Schwachen aufzulegen. Er kommt und macht sein Volk von Last und Banden frei; er hilft aus grosser Noth: Gott ist und bleibt getreu.

4. Gott ist und bleibt getreu! Er tröstet nach dem Weinen; er lässt nach trüber Nacht die Freudensonne scheinen. Ob's noch so heftig stürmt, der Sturm geht bald vorbei; sei, Seele, nur getrost! Gott ist und bleibt getreu.

5. Gott ist und bleibt getreu! Er stillet dein Begehren. Er will dein Glaubensgold in Trübsalsgluth bewähren. Nimm nur den Leidenskelch von ihm ohn' alle Scheu; der Freudenbecher folgt: Gott ist und bleibt getreu!

6. Gott ist und bleibt getreu! Befiehl ihm deine Sachen; er wird zur rechten Zeit der Noth ein Ende machen, dass du erfahren wirst, wie gut die Trübsal sei. So liebt der Höchste dich! Gott ist und bleibt getreu.

Choral.

Nach der Melodie: Wachet auf, ruft uns die Stimme etc.

1. Gott, wer ist dir zu vergleichen? und wer ermisst, in deinen Reichen wie viel sich Geister dein erfreun? Ungezählte Sonnen geben zahllosen Welten Licht und Leben; du schufst, du hältst sie auch allein. Doch ist der Welten Raum nur deines Kleides Saum, Herr und Schöpfer! Dich aber selbst, der du ihn wölbst dich fassen die Gedanken kaum.

2. Und in diesem Heiligthume, dem Tempel, voll von deinem Ruhme, ist auch die Stätte mir erbaut. Ich darf vor dein Antlitz treten, zu dir mit allen Wesen beten, auf die dein Auge segnend schaut. Wer deine Lieb' erkennt, dich gläubig Vater nennt, der vergeht nicht. Ich Erdenstaub, ich fallend Laub, mir ist die Ewigkeit gegönnt.

3. Schwing' dich denn empor und singe! Bis über alle Himmel dringe zu Gott, o Seele, dein Gesang! Höher als die Himmel gehen, und höher als die Sternenhöhen, geht Gottes Gnade, geh' mein Dank! Barmherzig schauet er auf alle Menschen her, die ihn fürchten. Er sorgt und wacht, hat auf uns Acht; drum sorg' und fürchte Keiner mehr.

5. Hab' ich's nicht von ihm vernommen? ist nicht zu mir ein Wort gekommen, dass ew'ge Gnade mir verspricht? Fallen können Berg' und Hügel, doch fest steht seines Bundes Siegel: von uns weicht seine Gnade nicht. So treu von jeher schon, liebt er nun in dem Sohn uns als Vater. O betet an! Ihr dürft euch nahn; und danket ihm am Gnadenthron.

Choral.

Mel.: Nach einer Prüfung kurzer Tage etc.

J. G. Schicht.

1. Hin - auf ihr gläu - bi - gen Ge - dan - ken, in's
   er - hebt euch ü - ber al - le Schran - ken, der

weite Feld der E - wig - keit!
al - ten und der neuen Zeit; er - wägt, dass Gott die

Lie - be sei, die e - wig alt ist, e - wig neu.

2. Sein Rathschluss war, ich sollte leben, ich sollte leben durch den Sohn; und Herz und Sinn sollt' ich erheben durch ihn hinauf zum Gnadenthron; in seinem Blute soll ich rein, geheiliget und selig sein.

3. O heil'ge Liebe, die mich wählte vor allem Anbeginn der Welt, und mich zu ihren Kindern zählte, für welche sie das Reich bestellt! O Gnade, die aus freiem Trieb auch mich in's Buch des Lebens schrieb!

4. Wie wohl ist mir, wenn mein Gemüthe empor zu dieser Quelle steigt, von welcher sich ein Strom der Güte zu mir durch alle Zeiten neigt, dass jeder Tag sein Zeugniss giebt: Gott hat mich je und je geliebt!

5. Wer bin ich unter Millionen der Creaturen seiner Macht, die in der Höh' und Tiefe wohnen, dass er mich bis hieher gebracht! Bin ich doch wie ein dürres Blatt, ein Staub, der keine Stätte hat.

6. Ich weiss, ich bin viel zu geringe der herzlichen Barmherzigkeit, womit, o Schöpfer aller Dinge, mich deine Liebe stets erfreut; ich bin, o Vater, selbst nicht mein, dein bin ich, Herr, und bleibe dein.

7. Im sichern Schatten deiner Flügel find' ich die ungestörte Ruh'. Der feste Grund hat dieses Siegel: wer dein ist, Herr, den kennest du! Ob Erd' und Himmel untergehn, so bleibt dies Wort der Wahrheit stehn.

8. Wenn in dem Kampfe schwerer Leiden der Seele Muth und Kraft gebricht, so salbest du mein Haupt mit Freuden, so tröstet mich dein Angesicht; da spür' ich deines Geistes Kraft, die aus der Schwachheit Stärke schafft.

9. Die Hoffnung schauet in die Ferne, durch alle Schatten dieser Zeit; der Glaube schwingt sich über Sterne, und sieht in's Reich der Ewigkeit: da zeigt mir deine milde Hand mein Erbtheil, mein gelobtes Land.

10. O sollt' ich dich nicht ewig lieben, der du mich unaufhörlich liebst? Sollt' ich mit Undank dich betrüben, da du mir Fried' und Freude giebst? Verliess' ich dich, o Menschenfreund, so wär' ich selbst mein ärgster Feind.

11. Ach, könnt' ich dich nur besser ehren, welch hohes Loblied stimmt' ich an! Es sollten Erd' und Himmel hören, was du, mein Gott, an mir gethan; nichts ist so tröstlich, nichts so schön, als, höchster Vater, dich erhöhn.

12. Doch Hoffnung siegt; es kommt die Stunde, da mein durch dich erlöster Geist im höhern Chor mit frohem Munde dich nicht mehr in der Schwachheit preist. Drum eilt mein Herz aus dieser Zeit, und sehnt sich nach der Ewigkeit.

Hermann.

Choral.

Nach der Melodie: Wachet auf, ruft uns die Stimme etc.

1. Herr, wir singen deiner Ehre! Erbarm' dich unser und erhöre, nimm gnädig unser Loblied an. Herr, wir danken voll Entzücken! Wo ist ein Gott, der so beglücken, so lieben und so segnen kann? Der Gott, den wir erhöhn, Er, dessen Heil wir sehn, ist die Liebe; schon vor der Zeit, in Ewigkeit, war Gott die Liebe, wird sie sein.

2. Um zu dir uns zu erheben, hauchst du in unsre Brust das Leben und schenkest uns der Erde Glück. Um zu dir uns zu erheben, entziehst du unsrer Brust das Leben und schenkest uns des Himmels Glück. Du giebst das Leben, Gott, du sendest uns den Tod, nur zum Segen; bist liebevoll; nur unser Wohl, nicht unser Elend schaffest du.

3. Als wir, von der Sünde Plagen gequält, in unserm Elend lagen und Nacht des Todes uns umfing fern von deiner Wahrheit Pfade: da war es, Gott, dass deine Gnade erbarmend vor uns überging. Da rief der Liebe Blick in's Leben uns zurück von der Sünde; aus ihrer Nacht sind wir erwacht, erwacht, um Gottes Licht zu sehn.

4. Preiset ihn, ihr Jubellieder! Zur Erde stieg sein Sohn hernieder, ward Mensch und starb der Sünder Tod. Christus hat den Tod bezwungen, ein neues Lied werd' ihm gesungen! Uns segnet und begnadigt Gott. Wir sind mit ihm versöhnt; ihr Lobgesänge, tönt, tönt zum Himmel; erschallt schon hier: einst singen wir vor seinem Thron und beten an.

Eschenburg.

Choral.

Mel.: Mach's mit mir, Gott, nach deiner Güt' etc.

1. Nie bist du, Höch - ster, von uns fern; du
   Wo ich nur bin, Herr al - ler Herrn, bin

wirkst an al - len En - den.
ich in dei - nen Hän - den.

Ich

leb' und ath - me nur durch dich, und

dei - ne Rech - te schü - tzet mich.

2. Des Herzens Tiefen kennest du, du prüfest meine Seele. Du siehest, was ich Gutes thu', du siehst auch, wenn ich fehle. Der dunkelste Gedank' in mir, Gott, Alles liegt enthüllt vor dir.

3. Wenn ich in stiller Einsamkeit mein Herz zu dir erhebe, und, über deine Huld erfreut, mich gänzlich dir ergebe, so hörst du es, und stehst mir bei, dass ich dir immer treuer sei.

4. Du merkst es, wenn des Herzens Rath verkehrte Wege wählet; du kennest auch die böse That, die sich der Welt verhehlet. Mit Ernst und Güte strafst du mich zu meiner Bess'rung väterlich.

5. Du hörest meinen Seufzern zu, dass Hülfe mir erscheine; mit Vaterliebe zählest du die Thränen, die ich weine. Du siehst und wägest meinen Schmerz, und stärkst mit deinem Trost mein Herz.

6. O drück', Allgegenwärtiger, dies tief in meine Seele, dass sie nur dich, mein Gott und Herr, zu ihrer Zuflucht wähle, und stets dein heilig Auge scheu', dir treu und dir gehorsam sei.

7. Lass überall gewissenhaft nach deinem Wort mich handeln, und stärke mich mit Muth und Kraft, getrost vor dir zu wandeln. Du bist mir nah', o Herr, verleih', dass auch mein Herz dir nahe sei.

Sturm.

Choral.

Nach der Melodie: Wie gross ist des Allmächt'gen Güte etc.

1. Wo sind die Weisen, die mich lehren, wie unser Gott allwissend ist? Wer kann mir den Verstand erklären, dess Wissen keine Grenz' umschliesst? Wer schauet ihn vom Angesichte, wenn er auch noch so hoch sich schwingt? Der Höchste wohnt in einem Lichte, zu dem kein sterblich Auge dringt.

2. Könnt' ich das Heer der Sterne zählen, der Erde Staub, den Sand am Meer, und die Gedanken aller Seelen von ihrem ersten Ursprung her: so wär' ich weiser, als auf Erden ein Mensch ist, als am Strom des Lichts vielleicht selbst Engel jemals werden: doch gegen Gott wüsst' ich noch nichts.

3. Nichts gegen ihn, der sie durchschauet, die Tiefe der Unendlichkeit, und alle Welten, die er bauet, die Zeiten und die Ewigkeit! O du, der Alles weiss und nennet, was ist und werden soll und war, wie bist du Jedem, der dich kennet, unendlich gross und wunderbar!

4. Ja, dich bewundern, dir vertrauen, ist meinem Geiste Lust und Pflicht! Mit Ehrfurcht darf ich nach dir schauen, doch dich begreifen kann ich nicht. Gott, nach dem Licht, in dem du wohnest, forsch' ich mit heiliger Begier, du siehst es gnädig, und belohnest mit Weisheit meinen Durst nach dir.

5. Die Weisheit warnet mich vor Sünden, vor Selbstbetrug und Heuchelei. Ich denke stets: Gott kann mich finden, wie tief verborgen ich auch sei. Vor ihm kann keine Nacht mich decken, kein falscher Schein betrüget ihn, mir folgten seines Zornes Schrecken, könnt' ich gleich aus der Welt entfliehn.

6. Wer kennet seines Herzens Tiefen? wer darf, o Gott, sich selber traun? Allwissender, du wollst mich prüfen, du wollest ganz mein Herz durchschaun! Erblickst du mich auf bösen Wegen, so führe mich auf deine Bahn, und lass einst deiner Führung Segen am Ziele mich von dir empfahn!

Choral.

1. Wie gross ist des All - mächt' - gen Gü-
   Der mit ver - här - te - tem Ge - mü-

te! ist der ein Mensch, den sie nicht rührt?
the den Dank er - stickt, der ihm ge - bührt?

Nein! sei - ne Lie - be zu er - mes - sen

sei e - wig mei - ne gröss - te Pflicht; der

Herr hat mein noch nie ver - ges - sen: ver-

giss, mein Herz auch sei - ner nicht.

2. Wer hat mich wunderbar bereitet? Der Gott, der meiner nicht bedarf. Wer hat mit Langmuth mich geleitet? Er, dessen Rath ich oft verwarf. Wer stärkt den Frieden im Gewissen? wer giebt dem Geiste neue Kraft? wer lässt mich so viel Gut's geniessen? Ist's nicht sein Arm, der alles schafft?

3. Schau', o mein Geist, in jenes Leben, zu welchem du erschaffen bist, wo du, mit Herrlichkeit umgeben, Gott ewig sehn wirst, wie er ist. Du hast ein Recht zu diesen Freuden, durch Gottes Güte sind sie dein. Sieh', darum musste Christus leiden, damit du könntest selig sein.

4. Und diesen Gott sollt' ich nicht ehren und seine Güte nicht verstehn? Er sollte rufen, ich nicht hören? den Weg, den er mir zeigt, nicht gehn? Sein Will' ist mir in's Herz geschrieben, sein Wort bestärkt ihn ewiglich: Gott soll ich über Alles lieben, und meinen Nächsten gleich als mich.

5. Dies ist mein Dank, dies ist sein Wille; ich soll vollkommen sein, wie er. So lang' ich dies Gebot erfülle, stell' ich sein Bildniss in mir her. Lebt seine Lieb' in meiner Seele, so treibt sie mich zu jeder Pflicht; und ob ich schon aus Schwachheit fehle, herrscht doch in mir die Sünde nicht.

6. O Gott, lass deine Güt' und Liebe mir immerdar vor Augen sein! sie stärk' in mir die guten Triebe, mein ganzes Leben dir zu weihn; sie tröste mich zur Zeit der Schmerzen; sie leite mich zur Zeit des Glücks; und sie besieg' in meinem Herzen die Furcht des letzten Augenblicks.

Gellert.

Choral.

Mel.: Die Tugend wird durch's Kreuz etc.

1. Wie mäch - tig spricht in mei - ner See - le,
Du scho - nest mei - ner, wenn ich feh - le,

Herr, dei - ne Stim - me vol - ler Huld!
trägst mich als Va - ter mit Ge - duld;

giebst dei - nen Geist, mich zu re - gie - ren;

sprichst mei - nem Her - zen freund - lich zu.

wirst nie - mals mü - de, mich zu füh - ren,

so viel ich fal - sche Trit - te thu'.

2. Erbarmer deiner Creaturen, liebreicher Gott der ganzen Welt, die deiner Milde reiche Spuren in jedem Sonnenstaub enthält! Nie kann ich deine Güt' ermessen, die mit mir war von Kindheit an. Wie sollt' ich hingehn und vergessen, was du zu meinem Heil gethan!

3. Ach sollt' ich sünd'gen noch mit Willen an meinem Vater, der vergiebt? der mir Gebote zu erfüllen gegeben hat, weil er mich liebt? der die Erfüllung theurer Pflichten als eine Wohlthat mir vergilt, und, statt mit Strenge mich zu richten, mein Herz mit Trost und Freud' erfüllt?

4. Ihm zu gehorchen, giebt der Seele schon Freude hier, dort Seligkeit. Ich weine kindlich, wenn ich fehle, vor dir, o Vater, der verzeiht. Fühl' ich die Grösse meiner Sünden, so zag' ich nicht, ich bin ein Christ. Wie freudig kann ich's dann empfinden, dass Christus mein Erlöser ist.

5. O diesen Trost in meinem Herzen gäb' ich für alle Welt nicht hin. Er ist mein Freudenquell in Schmerzen, und giebt mir Kraft, so schwach ich bin. Ohn' ihn müsst' ich mit Allen zittern, die Kinder des Verderbens sind. Gott mag der Erde Grund erschüttern, nun beb' ich nicht, ich bin sein Kind.

Krüger.

Choral.

Mel.: Lobt Gott, ihr Christen etc.

1. Mein Geist er - staunt, All - mäch - ti - ger, wenn

er die Gna - de denkt, wo - mit du mich, mein

Gott und Herr, so un - ver - dient be - schenkt.

2. Dann ist mein Herz so hoch erfreut, ganz deiner Güte voll, und weiss vor heisser Dankbarkeit nicht, wie es danken soll.

3. Als ich noch in der Mutter Schoos, in Nacht verborgen, schlief, bestimmtest du für mich das Loos, das mich zum Leben rief.

4. Du wählst des Sterblichen Geschick, eh' er geboren ist; und so ward ich, o welch' ein Glück! schon als ein Kind ein Christ.

5. Mir Schwachen nah', vernahmst du schon, was noch kein Flehen war, und neigtest zu des Weinens Ton dein Ohr erbarmend dar.

6. Wenn ich auf meiner Jugend Pfad vom Ziele mich verirrt, hat liebevoll mich, Herr, dein Rath dahin zurückgeführt.

7. Du warst mein Schutz und meine Wehr vor Unglück und Gefahr und vor dem Laster, das noch mehr als sie zu fürchten war.

8. Von Krankheit bleich, sah ich durch dich mein Leben neu erhellt; und deine Gnade schmückte mich, wenn Sünde mich entstellt.

9. Von Freudenstrahlen glänzt mein Blick, da du so hoch mich liebst und in der treuen Freundschaft Glück des Lebens Trost mir giebst.

10. Und welche hohe Wohlthat ist dies Herz, das fühlen kann, wie gnädig du, mein Vater, bist; was du an mir gethan!

11. Kein Tag soll froher mir vergehn, als, Höchster, dir zum Preis; mit Dank will ich dein Lob erhöhn, so gut ich kann und weiss.

12. In Schrecken, Angst, Gefahr und Noth trau' ich allein auf dich; wenn du mich stärkst, ist selbst der Tod mir nicht mehr fürchterlich.

13. Vergehe, was vergänglich ist: mein Muth soll fröhlich sein; du bleibest ewig, wie du bist, und ich bleib' ewig dein!

Zachariä.

Choral.

Nach der Melodie: Wachet auf, ruft uns die Stimme etc.

1. Bringt dem Herrn der Himmelsheere, bringt, Menschenkinder, Preis und Ehre; den Schöpfer Aller betet an. Zahllos sind der Christen Schaaren, die, ehe noch wir Menschen waren, schon vor ihm standen und ihn sahn. Ihr Heer, umstrahlt von Licht, bedeckt das Angesicht vor dem Schöpfer. Voll Preis und Dank tönt ihr Gesang durch alle Himmel Gottes hin.

2. Gott, mit allen Millionen, die deiner Himmel Kreis bewohnen, soll, wer hier heilig wird, sich freun; soll, erlöst durch dein Erbarmen, zu dir gebracht auf ihren Armen, wie sie verklärt und selig sein. Vernehmt's ihr Menschen, hört! wer Gott im Glauben ehrt, wird am Throne in seinem Reich auch Engeln gleich das Antlitz seines Gottes schaun.

3. Werdet heilig, seid vollkommen, wie Engel Gottes! Gott wird kommen mit seinen Engeln zum Gericht. Lasst sie jauchzen, dass wir Alle, dann aufgerichtet von dem Falle, Gott sehn und seiner Wonne Licht. Heil uns! wir beten dann mit allen Engeln an: Gott sei Ehre! ihr Lobgesang und unser Dank hallt dann durch alle Himmel hin.

16*

Choral.

Nach der Melodie: Nun freut euch, lieben Christen etc.

1. Wenn ich, o Schöpfer, deine Macht, die Weisheit deiner Wege, die Liebe, die für Alle wacht, anbetend überlege; so weiss ich, von Bewundrung voll, nicht wie ich dich erheben soll, mein Gott, mein Herr, mein Vater!

2. Mein Auge sieht, wohin es blickt, die Wunder deiner Werke. Der Himmel, prächtig ausgeschmückt, preist dich, du Gott der Stärke! Wer hat die Sonn' an ihm erhöht? wer kleidet sie mit Majestät? wer ruft dem Heer der Sterne?

3. Wer misst dem Winde seinen Lauf? wer heisst die Himmel regnen? wer schliesst den Schoos der Erde auf, mit Vorrath uns zu segnen? O Gott der Macht und Herrlichkeit! Gott, deine Güte reicht so weit, so weit die Wolken reichen.

4. Dich predigt Sonnenschein und Sturm; dich preist der Sand am Meere. Bringt, ruft auch der geringste Wurm, bringt meinem Schöpfer Ehre. Mich, ruft der Baum in seiner Pracht, mich, ruft die Saat, hat Gott gemacht; bringt unserm Schöpfer Ehre!

5. Der Mensch, ein Leib, den deine Hand so wunderbar bereitet; der Mensch, ein Geist, den sein Verstand dich zu erkennen leitet; der Mensch, der Schöpfung Ruhm und Preis, ist sich ein täglicher Beweis von deiner Güt' und Grösse.

6. Erheb' ihn ewig, o mein Geist, erhebe seinen Namen! Gott, unser Vater, sei gepreist, und alle Welt sag': Amen! und alle Welt fürcht' ihren Herrn, und hoff' auf ihn, und dien' ihm gern! Wer wollte Gott nicht dienen!

Gellert.

Choral.

Mel.: Schatz über alle Schätze etc.

1. Aus ir-dischem Ge-tüm-mel, wo nichts das Herz er-quickt,
wer zeigt den Weg zum Him-mel, wo-hin die Hoffnung blickt?

Wer lei-tet un-ser Stre - ben, wenn es das Ziel ver-gisst? wer

führt durch Tod zum Le - ben? Der Weg ist Je - sus Christ.

2. Hier irren wir und fehlen, gehüllt in tiefe Nacht. Durch wen wird unsern Seelen das wahre Licht gebracht? Von oben kommt die Klarheit, die Alles uns erhellt; denn Christus ist die Wahrheit: er ist das Licht der Welt.

3. Wer giebt uns hier schon Freuden, die Niemand rauben kann? wer zeigt uns im Leiden den Himmel aufgethan? Wenn vor dem Tod wir beben, wer giebt dem Herzen Ruh'? Nur du, Herr, kannst sie geben: das Leben selbst bist du.

Arndt (Ernst Moritz).

Choral.

Nach der Melodie: Den Herren lobt, ihr Heiden etc.

1. Kein Lehrer ist dir, Jesu, gleich, wie du an Lieb' und Weisheit reich; du, ein Prophet in Wort und That, verkündigst uns des Ew'gen Rath; du bist gesalbt von Gottes Hand, der dich vom Himmel hat gesandt.

2. Du weisest uns die wahre Spur zu Gott, dem Schöpfer der Natur; du hast den rechten Weg gezeigt, auf dem der Geist zum Himmel steigt. Was du vom Vater selbst gehört, das hast du unverfälscht gelehrt.

3. Du bist das wahre Licht der Welt: so hat Gott selbst dich dargestellt; so haben dich bekannt gemacht die Werke, die du hast vollbracht. Als Führer gingst du selbst voran: zieh uns dir nach auf gleicher Bahn.

4. Nachdem du eingegangen bist, wo aller Weisheit Urquell ist, machst du durch deiner Boten Mund noch jetzt dein Heil den Menschen kund; du bist es, Herr, von dem das Amt, das die Versöhnung predigt, stammt.

5. Noch immer hilfst du deinem Wort in seinem Siege mächtig fort; du sendest, wie dein Mund verheisst, noch immer deinen heil'gen Geist, durch den du Kraft zum Glauben schenkst und unser Herz zum Guten lenkst.

6. O sende deinen Geist auch mir, dass er mich zu der Wahrheit führ'; dass ich, von Eigendünkel frei, nur deinem Wort gehorsam sei! Du, Sohn des Höchsten, sollst allein mein Lehrer und mein Meister sein. Rambach.

Choral.

Mel.: Ich dank' dir schon durch deinen Sohn etc.

1. Ge - dan - ke, der uns Le - ben giebt, wer

kann dich ganz durch - den - ken: al - so hat

Gott die Welt ge - liebt, uns sei - nen

Sohn zu schen - - ken!

Ped.

2. Gedanke voller Majestät! umringt von Finsternissen, hoch über die Vernunft erhöht, stillst du doch mein Gewissen.

3. Ich kann der Sonne Wunder nicht, noch ihren Bau ergründen, und doch kann ich der Sonne Licht und ihre Wärm' empfinden.

4. So kann ich auch nicht Gottes Rath in Jesu Tod ergründen, allein das Göttliche der That, das kann mein Herz empfinden.

5. Nimm mir den Trost, dass Jesus Christ auch meine Schuld getragen, dass er mein Herr und Heiland ist, so werd' ich angstvoll zagen.

6. Ist Christi Wort nicht Gottes Sinn, so werd'-ich irren müssen, und was ich bin und werden soll, nicht wissen.

7. Nein, diesen Trost der Christenheit soll mir kein Spötter rauben; ich fühle seine Göttlichkeit, und halte fest am Glauben.

8. Sohn Gottes, ganz dein Eigenthum, durch dich des Himmels Erbe, dies bin ich, und das ist mein Ruhm, auf den ich leb' und sterbe.

9. Du giebst mir deinen Geist, das Pfand, im Glauben mich zu stärken, und führst mich an der Gnade Hand zu allen guten Werken.

10. So lang' ich deinen Willen gern, mit reinem Herzen thue, so fühl' ich eine Kraft des Herrn, und schmecke Fried' und Ruhe.

11. Und wenn mich meine Sünde kränkt, und an sein Kreuz ich trete, so weiss ich, dass er mein gedenkt, und thut, warum ich bete.

12. Ich weiss, dass mein Erlöser lebt und ich ihn schauen werde, dass er mich einst zu sich erhebt vom Staube dieser Erde.

13. Erfüll' mein Herz mit Dankbarkeit, so oft ich dich nur nenne, und hilf, dass ich dich allezeit treu vor der Welt bekenne.

14. Soll ich dereinst noch würdig sein, für dich noch Schmach zu leiden, so müsse mich nicht Schmach noch Pein von deiner Liebe scheiden.

15. Und sollt' ich auch nicht für und für des Glaubens Freud' empfinden, so wirke doch dein Wort in mir und rein'ge mich von Sünden.

16. Hat Gott uns seinen Sohn geschenkt — lass mich noch sterbend denken — wie sollt' uns der, der ihn geschenkt, mit ihm nicht Alles schenken?

Gellert.

Choral.

Mel.: Herzliebster Jesu etc.

1. Ich bin ge - wiss, dass weder Tod noch Le - ben, nicht

Freund' und Feinde, die mich hier um - ge - ben, noch Arg - list

noch Gewalt, noch Freud' und Lei - den von Gott mich schei - den.

2. Der Ew'ge, der hoch über Sonnen thronet, hat seines Sohnes nicht für mich verschonet; voll Huld hat er, damit wir ewig leben, ihn hingegeben.

3. Wie sollt' er nun, wenn uns die Sünden kränken, nicht Alles uns mit seinem Sohne schenken? Ja, Alles schenkt, aus ewigem Erbarmen, der Herr uns Armen!

4. So kommt denn, all' ihr theu'r erlösten Brüder, und fallt voll Dank vor seinem Throne nieder, bereit und freudig ihm das ganze Leben zum Dienst zu geben!

5. Hier sind wir, Vater! du giebst uns Verlornen das Liebste: Jesum, deinen Eingebornen. Und wir, wir bringen dir aus reinem Triebe ein Herz voll Liebe.

Münter.

Choral.

Mel.: Jesu, der du meine Seele etc.

1. Schweiget, ban - ge Zweifel, schwei - get! mein Er-

bar - mer ist ge - treu, und sein Geist in mir be-

zeu - - get, dass ich Gott ver - söh - net sei.

Mir drohn nicht der Höl - le Flam - men,

und will mich mein Herz ver-dam - men, täuschen soll mich

nicht sein Schmerz; Gott ist grös - ser, als mein Herz!

2. Er, der das Verborgne kennet, schaut auch in mein Herz hinein; weiss, wie es von Sehnsucht brennet, ganz sich seinem Dienst zu weihn; sieht den Kummer meiner Seele, der mich beugt, so oft ich fehle; und nicht meiner Zweifel Wahn, meinen Glauben sieht er an.

3. Und wie nie sein Urtheil wanket, wankt auch nie sein ew'ger Rath. Rühmet, Christen, danket, danket! gross ist, was er an uns that. Uns, den Sündern, den Verlornen, gab er seinen Eingebornen; wahrlich, Alles, Alles giebt Gott, der in dem Sohn uns liebt.

4. Mir auch ist sein Sohn gegeben, durch den Glauben ist er mein. Ja, ich weiss: ich werde leben und in ihm einst selig sein. Mich sah Gott von seinem Throne, mich erwählt' er in dem Sohne, eh' noch seiner Allmacht Ruf mich und alle Wesen schuf.

5. Wer will ferner den verklagen, den Gott selber auserwählt; Wer darf zu verdammen wagen, den er zu den Seinen zählt? Hier ist Gott! nichts kann mich schrecken; seine Gnade will mich decken; war ich gleich der Sünde Knecht, er, mein Gott, spricht mich gerecht.

6. Theuer bin ich ihm erworben. Heil mir, hier ist Jesus Christ! er, der auch für mich gestorben, auch für mich erstanden ist; der zur Rechten Gottes sitzet, auf mich sieht, mich mächtig schützet, mich vertritt, mich nie verstösst, mich aus aller Noth erlöst.

7. Fest am Glauben will ich halten, wird auch Alles mir geraubt; Gottes Gnade lass ich walten, und erhebe froh mein Haupt. Mich soll keine Schmach, kein Leiden je von seiner Liebe scheiden. Darauf steh' ich felsenfest, dass Gott nimmer mich verlässt.

Schlegel.

Vater unser.

1. Va - ter un - ser im Him - mel - reich, der
du uns Al - le heis - sest gleich Brü - der sein,
und dich ru - fen an, und im Ge - be - te
dir uns nahn: gieb, dass nicht bet' al - lein der
Mund; hilf dass es geh' von Her - zens - grund.

2. Geheiligt werd' der Name dein: dein Wort bei uns hilf halten rein, dass wir auch leben heiliglich, nach deinem Namen würdiglich. Behüt' uns, Herr, vor falscher Lehr'; das arm', verführte Volk bekehr'!

3. Es komm' dein Reich, zu dieser Zeit und dort hernach in Ewigkeit. Der heil'ge Geist uns wohne bei mit seinen Gaben mancherlei. Brich Satans Zorn und gross' Gewalt; vor ihm dein' heilig' Kirch' erhalt'.

4. Dein Will' gescheh', Herr Gott, zugleich auf Erden wie im Himmelreich. Gieb uns Geduld in Leidenszeit, Gehorsamsein in Lieb' und Leid. Wehr' und steur' allem Fleisch und Blut, das wider deinen Willen thut.

5. Gieb uns heut' unser täglich Brod und was bedarf die Leibesnoth. Behüt' vor Krieg uns und vor Streit, vor Seuchen und vor theurer Zeit; dass wir in gutem Frieden stehn, ohn' Sorg' und Geiz im Leben gehn.

6. All' unsre Schuld vergieb uns, Herr, dass sie uns nicht betrübe mehr; wie wir auch unsern Schuldigern ihr' Schuld und Fehl vergeben gern; zu dienen mach' uns All' bereit in rechter Lieb' und Einigkeit.

7. Führ' uns, Herr, in Versuchung nicht, wenn uns der böse Geist anficht. Zur linken und zur rechten Hand hilf uns thun starken Widerstand in Rüstung, die der Glaube schafft, und durch des heil'gen Geistes Kraft.

8. Von allem Uebel uns erlös'; es sind die Tag' und Zeiten bös'. Erlös' uns von dem ew'gen Tod und tröst' uns in der letzten Noth. Bescher' uns All'n ein selig's End': nimm unsre Seel' in deine Händ'.

9. Amen! ja, Herr, es werde wahr! Stärk' unsern Glauben immerdar, auf dass wir ja nicht zweifeln dran, wir werden unsre Bitt' empfahn. Auf dein Wort, in dem Namen dein, so wird's ein rechtes Amen sein!

Luther (Martin).

Amen.

A - men, A - men, das sei wahr, so sin - gen

wir Hal - le - lu - jah!

Chor.

Für Männerstimmen.

F. J. Flemming.

Lob - sin - ge Gott, er - heb' ihn mei - ne

See - le! Er sor - get stets, dass dir kein Gu - tes

feh - le. Er füh - ret dich zum Glück auf sich - re

Pfa - de, mit sei - ner Gna - de.

Choral.

1. O gros - ser Gott, du rei - nes We - sen,
zu ste - ter Woh - nung aus - er - le - sen:

der du die rei - nen Her - zen dir
ach, schaff' ein rei - nes Herz in mir!

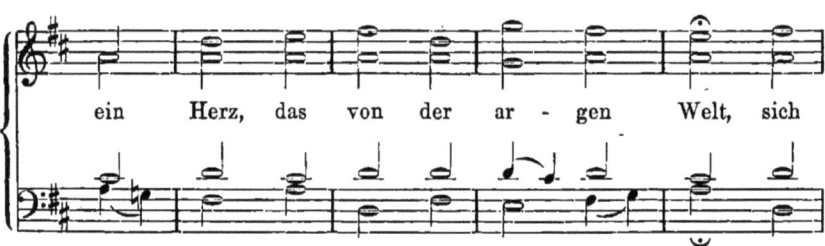

ein Herz, das von der ar - gen Welt, sich

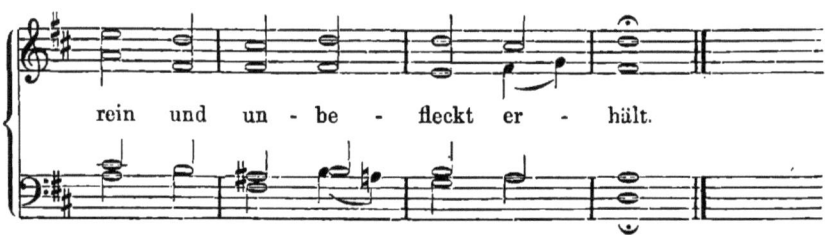

rein und un - be - fleckt er - hält.

2. Vor allem mache mein Gemüthe durch ungefärbte Busse rein, und lass es, Herr, durch deine Güte und Christi Blut entsündigt sein; dann mache mich zur Reinigkeit des Lebens fertig und bereit.

3. Regiere mich mit deinem Geiste, der mein getreuer Beistand sei und mir erwünschte Hülfe leiste. Gott, stehe mir aus Gnaden bei und gieb mir einen solchen Geist, der neu, gewiss und willig heisst.

4. Doch weil ich meine Schwachheit merke, mein Vater, so verwirf mich nicht und stoss' mich wegen meiner Werke ja nicht von deinem Angesicht. Lass mich hier in der Gnade stehn und dort in deinen Himmel gehn.

5. Nimm deinen Geist, den Geist der Liebe, ja nun und nimmermehr von mir, und leite mich durch seine Triebe, durch seinen Beistand, für und für; so führe du mich durch die Zeit hin zu der reinen Ewigkeit.

Choral.

Nach der Melodie: Ach Gott und Herr etc.

1. Gott ist mein Hort, und auf sein Wort soll meine Seele trauen; ich wandle hier, mein Gott, vor dir im Glauben, nicht im Schauen.

2. Dein Wort ist wahr; lass immerdar mich seine Kräfte schmecken; lass keinen Spott, o Herr, mein Gott, mich ab vom Glauben schrecken!

3. Wo hätt' ich Licht, wofern mich nicht dein Wort die Wahrheit lehrte? Herr, ohne sie verständ' ich nie, wie ich dich würdig ehrte.

4. Dein Wort erklärt der Seele Werth, Unsterblichkeit und Leben, dass diese Zeit zur Ewigkeit mir sei von dir gegeben.

5. Dein ew'ger Rath, die Missethat der Sünder zu versühnen, den kennt' ich nicht, wär' mir dies Licht nicht durch dein Wort erschienen.

6. Nun darf mein Herz in Reu' und Schmerz der Sünde nicht verzagen; nein, du verzeihst, lehrst meinen Geist im Glauben: Vater! sagen.

7. Mich zu erneun, mich dir zu weihn, sei meiner Seele Ringen; aus eigner Macht wird's nicht vollbracht, dein Wort giebt das Vollbringen.

8. Herr, unser Hort, lass uns dies Wort! du hast es uns gegeben. Es se mein Theil, es sei mir Heil, und Kraft zum ew'gen Leben. Gellert.

17*

Choral.

1. Dir, dir, Je - ho - va, will ich sin - gen!
Dir will ich mei - ne Lie - der brin - gen;

denn wo ist doch ein sol - cher Gott, wie du?
ach, gieb mir dei - nes Gei - stes Kraft da - zu,

dass ich es thu' im Na - men Je - su Christ, so

wie es dir durch ihn ge - fäl - lig ist.

2. Zeuch, Vater, mich zu deinem Sohne, damit dein Sohn mich wieder zieh' zu dir! dein Geist in meinem Herzen wohne, und Sinnen und Verstand allein regier', dass ich des Himmels Frieden schmeck' und fühl', und dankbar dir im Herzen sing' und spiel'.

3. Verleih' mir, Höchster, solche Güte, so ist vor dir mein Singen recht gethan; so klingt es schön in meinem Liede; ich bete dich in Geist und Wahrheit an; so hebt dein Geist mein Herz zu dir empor, dass ich dir Psalmen sing' im höhern Chor.

4. Denn er kann mich bei dir vertreten mit Seufzern, die ganz unaussprechlich sind; er lehret mich recht gläubig beten, giebt Zeugniss meinem Geist, ich sei dein Kind; als Kind auch Erbe deiner Seligkeit, Miterbe Christi in der Herrlichkeit.

5. Wohl mir, dass ich dies Zeugniss habe! drum bin ich voller Trost und Freudigkeit, und weiss, dass alle gute Gabe von dir nur kommt in Zeit und Ewigkeit. Du giebst sie und thust überschwänglich mehr, als ich verstehe, bitte und begehr'.

6. Wohl mir! ich bitt' in Jesu Namen, der mich zu deiner Rechten selbst vertritt! In ihm ist Alles Ja und Amen, was ich von dir im Geist und Glauben bitt'. Wohl mir, Lob dir, jetzt und in Ewigkeit, dass du mir schenkest solche Seligkeit! Crasselius.

Choral.

Nach der Melodie: Sei Lob und Ehr'.

1. Gott, deine Güte reicht so weit, so weit die Wolken gehen; du krönst uns mit Barmherzigkeit, und eilst uns beizustehen. Herr, meine Burg, mein Fels, mein Hort, vernimm mein Flehn, merk' auf mein Wort; denn ich will vor dir beten.

2. Ich bitte nicht um Ueberfluss und Schätze dieser Erden; lass mir, so viel ich haben muss, nach deiner Gnade werden. Gieb mir nur Weisheit und Verstand, dich, Gott, und den, den du gesandt, und mich selbst zu erkennen.

3. Ich bitte nicht um Ehr' und Ruhm, so sehr sie Menschen rühren; des guten Namens Eigenthum lass mich nur nicht verlieren. Mein wahrer Ruhm sei meine Pflicht, der Ruhm vor deinem Angesicht, und frommer Freunde Liebe.

4. So bitt' ich dich, mein Herr und Gott, auch nicht um langes Leben. Im Glücke Demuth, Muth in Noth, das wollest du mir geben. In deiner Hand steht meine Zeit: lass du mich nur Barmherzigkeit vor dir im Tode finden. Gellert.

Choral.

1. Herr, wie du willst, so schick's mit mir im
   mein Herz ver-langt al-lein nach dir: Herr,

Le-ben und im Ster-ben,
lass mich nicht ver-der-ben; er-halt mich

nur in dei-ner Huld: sonst wie du willst. Gieb mir Ge-

duld; dein Will' ist doch der be-ste.

2. Zucht, Ehr' und Treu' verleih' mir, Herr, und Lieb' zu deinem Worte, und lass mich so bei reiner Lehr' eingehn zur engen Pforte. Hilf mir zu meiner Seligkeit; wend' ab all' Ungerechtigkeit in meinem ganzen Leben.

3. Soll ich einmal nach deinem Rath von dieser Welt abscheiden: o, so verleih' mir deine Gnad', dass es gescheh' mit Freuden! Herr, Seel' und Leib befehl' ich dir; ein sel'ges Ende gieb du mir durch Jesum Christum, Amen.

Bienemann (Melissander).

Choral.

Nach der Melodie: Nach einer Prüfung kurzer Tage etc.

1. Mein bester Trost in diesem Leben ist ein Gebet zu meinem Gott; dies kann mir Kraft in Schwachheit geben, Geduld und Muth in jeder Noth; bei jedem Gram, bei jedem Schmerz ein ruhiges, gelassnes Herz.

2. Wie kann ich Trost und Ruhe finden, wenn mein Gewissen mich verklagt; wenn bei der Menge meiner Sünden mein Herz vor seinem Richter zagt? Nichts tröstet mehr, als ein Gebet, das, Gott, bei dir um Gnade fleht.

3. Und wenn ein Kummer mich verzehret, den ich der Welt nicht klagen kann: dann ruf' ich Gott, der mich erhöret, um Trost in diesem Kummer an; klag' ihm mein Leid mit Zuversicht, gewiss, mein Gott verwirft mich nicht.

4. Ruf' ich bei meinem Tagewerke den Höchsten um Gedeihen an, so lässt er neue Kraft und Stärke aus seiner Fülle mich empfahn. Er schenkt aus väterlicher Huld mir Segen, Weisheit und Geduld.

5. Wenn, eine böse Lust zu dämpfen, mir Schwachem Muth und Kraft gebricht: dann bitt' ich Gott; er hilft mir kämpfen und giebt mir Muth zur schwersten Pflicht; und, stark durch meines Gottes Kraft, besieg' ich jede Leidenschaft.

6. Wenn ich im letzten Kampf des Lebens bei Niemand Hülfe finden kann, so ruf' ich Gott doch nicht vergebens um seinen Trost und Beistand an, der, wenn die Sprache mir vergeht, doch meine Seufzer noch versteht.

7. Drum sei mein bester Trost im Leben ein fromm Gebet zu meinem Gott; nur dies kann, was mir gut ist, geben in Freud' und Leid, in Noth und Tod. Und Gott, zu dem ich beten kann, nimmt mich dereinst mit Ehren an.

Müller (Just. Balthas.).

Choral.

1. O Gott, du frommer Gott, du Brunnquell al - ler Ga-

ben, ohn' den Nichts ist, was ist, von dem wir Al - les ha-

ben: nach dei - ner Huld gieb mir, dass in ge - sundem Leib ein'

un - ver - letz - te Seel' und rein Ge - wis - sen bleib'.

2. Gieb, dass ich thu' mit Fleiss, was mir zu thun gebühret, wozu mich dein Befehl in meinem Stande führet. Gieb, dass ich's thue bald, zur Stunde, da ich soll, und wenn ich's thu', so gieb, dass es gerathe wohl.

3. Hilf, dass ich rede stets, womit ich kann bestehen; lass kein unnützes Wort aus meinem Munde gehen; und wenn in meinem Amt ich reden soll und muss, so gieb den Worten Kraft und Nachdruck ohn' Verdruss.

4. Komm' ich in Fährlichkeit, so lass mich nicht verzagen; gieb einen Heldenmuth; das Kreuz hilf selber tragen. Durch Sanftmuth lehre mich besiegen meinen Feind; und wenn ich Raths bedarf, gieb einen weisen Freund.

5. Lass mich mit Jedermann in Fried' und Eintracht leben, so weit es christlich ist; das Seine Jedem geben. Giebst du mir Geld und Gut, so gieb auch dies dabei, dass von unrechtem Gut nichts untermenget sei.

6. Soll ich in dieser Welt mein Leben höher bringen, mit manchem sauern Tritt hindurch in's Alter dringen: so gieb mir, Herr, Geduld; vor Sünd' und Schand' bewahr', auf dass ich tragen mag mit Ehren graues Haar.

7. Lass mich an meinem End' auf Christi Tod abscheiden. Die Seele nimm zu dir, hinauf zu deinen Freuden: den Leib lass ruhen sanft in seiner stillen Gruft, bis ihn dein mächtig Wort in's neue Leben ruft.   Herrmann.

Choral.

Nach voriger Melodie.

1. Ach Gott, verlass mich nicht! reich' du mir selbst die Hände, dass ich den schweren Gang durch's Leben wohl vollende. Irr' ich im finstern Thal, so sei du selbst mein Licht, mein Stab, mein Hort, mein Schutz. Ach Gott, verlass mich nicht!

2. Ach Gott, verlass mich nicht! lehr' deinen Weg mich wallen und lass mich nimmermehr in Sünd' und Schande fallen. Gieb mir den guten Geist, gieb Glaubenszuversicht, und wenn ich straucheln will, ach Gott, verlass mich nicht!

3. Ach Gott, verlass mich nicht in Nöthen und Gefahren und lass zu rechter Zeit mir Hülfe widerfahren! Wenn sich Versuchung naht und Stärke mir gebricht, so weiche nicht von mir. Ach Gott, verlass mich nicht!

4. Ach Gott, verlass mich nicht! gieb Wollen und Vermögen; in allem meinen Thun begleite mich dein Segen. Die Werke meines Amts, die Werke meiner Pflicht lass, Herr, vor dir gedeihn. Ach Gott, verlass mich nicht!

5. Ach Gott, verlass mich nicht! ich bleibe dir ergeben. Hilf mir, o grosser Gott, recht glauben, christlich leben, und selig scheiden ab, zu sehn dein Angesicht; hilf mir in Noth und Tod. Ach Gott, verlass mich nicht!

                                        Frank (Salomon).

Sacramente.

Taufe.

Choral.

Mel.: Jesus, meine Zuversicht etc.

1. Zu dir, Va-ter, be-ten wir für dies Kind auf un-sern

Ar - men; fle-hen voll Ver-traun zu dir, du wollst

sei - ner dich er-bar - men. Es ist dein und

lebt durch dich; schütz' und segn' es vä-ter-lich!

2. Schwach und hilflos liegt es da; sei du seine Kraft und Stärke! Bleib' ihm huldreich immer nah', dass es deine Hülfe merke, wenn auf seiner Lebensbahn es sich selbst nicht leiten kann.

3. Gott, es ward zu seinem Heil in der Christenheit geboren; zu der Christen Erb' und Theil hast du selbst es auserkoren; zu der Christen Seligkeit weihet es die Taufe heut'.

4. Segne, Vater, dieses Kind, dass es dich von Herzen ehre, dass es, Jesu gleich gesinnt, nur auf deine Stimme höre, und, der Taufe Bund getreu, folgsam deinem Geiste sei.

5. Stärk' es unter Lust und Schmerz, unter Arbeit und Beschwerde; gieb, dass rein und fromm sein Herz, und sein Leben fruchtbar werde; führ' es einst zum Himmel ein, lass es ewig selig sein!

Choral.

Nach der Melodie: Wer nur den lieben Gott lässt walten etc.

1. Dir, Herr, sei dieses Kind empfohlen, dir, dessen Treu' unwandelbar; wir bringen's, wie du selbst befohlen, dir in der heil'gen Taufe dar. Gieb, Vater, gieb an deinem Heil, an Jesu Christo gieb ihm Theil.

2. Durch dieses Siegel deiner Gnade wird jedes Recht der Christen sein. Du weihst es in dem Wasserbade zu deinem Kind und Erben ein. Heil ihm, erkennt es einst den Werth des Glücks, dass es dir angehört.

Neander (Christ. Friedr.).

Choral.

Nach der Melodie: Wie schön leuchtet der Morgenstern etc.

1. Preis dir, o Vater, und o Sohn! Preis dir, o Geist, von Gottes Thron zu uns herabgekommen! O du, der ewig ist und war, hast dieses Kind zur sel'gen Schaar in dir jetzt aufgenommen. Segnend halt' es ungeschieden von dem Frieden, von der Gnade, auf des Lebens ernstem Pfade.

2. O Jesu, präg' ihm selbst dein Bild, so göttlich rein, so himmlisch mild, tief in die zarte Seele! Zu deinem Reich hast du's erkauft, auf deinen Bund ist's nun getauft, dass es nur dich erwähle. Frühe ziehe all sein Streben in dein Leben, in dein Sterben; lass es deinen Sieg ererben.

3. Wohl ihm! der reichsten Lieb' und Macht ist es nun dankend dargebracht; es ruht in treuen Händen. O Retter der verlornen Welt! was dir dein Vater zugestellt, wie schön musst du's vollenden! Lass der Liebe stilles Sehnen und die Thränen zu dir dringen, bis wir's in die Heimath bringen.

Kern.

Choral.

1. Lieb - ster Je - su wir sind hier,
   die - ses Kind - lein kommt zu dir,

dei - nem Wor - te nach - zu - le - ben:
weil du den Be - fehl ge - ge - ben,

dass man sie zu Chri - sto füh - re,

denn das Him - mel - reich ist ih - re.

2. Ja, es schallet allermeist
Dieses Wort in unsern Ohren:
Wer durch Wasser und durch Geist
Nicht zuvor ist neu geboren,
Wird von dir nicht aufgenommen
Und in Gottes Reich nicht kommen.

3. Darum eilen wir zu dir,
Nimm das Pfand von unsern Armen,
Tritt mit deinem Glanz herfür
Und erzeige dein Erbarmen,
Dass es dein Kind hier auf Erden
Und im Himmel möge werden.

4. Wasch es, Jesu, durch dein Blut
Von den angeerbten Flecken,
Lass es bald nach dieser Flut
Deinen Purpurmantel decken,
Schenk ihm deiner Unschuld Seide,
Dass es sich in dich verkleide.

5. Mache Licht aus Finsterniss,
Setz es aus dem Zorn zur Gnade:
Heil den tiefen Schlangenbiss
Durch die Kraft im Wunderbade;
Lass hier einen Jordan rinnen,
So vergeht der Aussatz drinnen.

6. Hirte, nimm das Schäflein an,
Haupt, mach es zu deinem Gliede,
Himmelsweg, zeig' ihm die Bahn,
Friedefürst, schenk ihm den Friede,
Weinstock, hilf, dass diese Rebe
Auch im Glauben dich umgebe.

7. Nun, wir legen an dein Herz
Was vom Herzen ist gegangen.
Führ' die Seufzer himmelwärts
Und erfülle das Verlangen,
Ja, den Namen, den wir geben,
Schreib in's Lebensbuch zum Leben.

Im Namen des Vaters, und des Sohnes,
und des heiligen Geistes.

Amen.

A - men, A - men, A - men!

Abendmahl.

Choral.

C. F. Becker.

1. Ach mein Herr Je - su! dein Na - he - sein bringt grossen
Frie - den in's Herz hin - ein, und dein Gnaden - an - blick
macht uns so se - lig, dass Leib und See - le da -
rü - ber fröh - lich und dank - bar wird.

2. Wir sehn dein freundliches Angesicht, voll Huld und Gnade, wohl leiblich nicht: aber unsre Seele kann's schon gewahren; du kannst dich fühlbar uns offenbaren, auch ungesehn.

3. O, wer nur immer bei Tag und Nacht, dein sich zu freuen, recht wär' bedacht! Der hätt' ohne Ende von Glück zu sagen, und Leib und Seele müsst' immer fragen: wer ist, wie du?

4. Barmherzig, gnädig, geduldig sein, uns täglich reichlich die Schuld verzeihn, heilen, stillen, trösten, erfreun und segnen und unsern Seelen als Freund begegnen, ist deine Lust!

5. Ach, gieb an deiner Erlösten Heil uns alle Tage von Neuem Theil, und lass unsre Seele sich immer schicken, aus Noth und Liebe nach dir zu blicken ohn' Unterlass!

6. Und wenn wir weinen, so tröst' uns bald mit deiner Gnad' und Friedensgewalt! Lass dein Bild uns immer vor Augen schweben und deinen Geist zu dem neuen Leben uns nahe sein.

7. Ein herzlich Wesen und Kindlichkeit sei unsre Zierde zu aller Zeit, und die Tröstung aus deinen Todesschmerzen bewahr' uns den Frieden von Gott im Herzen, bei Freud' und Leid!

8. Du reichst uns deine durchgrab'ne Hand, die so viele Treue an uns gewandt, dass wir beim Gedächtniss beschämet stehen, und unser Auge muss übergehen vor Lob und Dank.   Gregor.

Choral.

Nach der Melodie: Nun freut euch, lieben Christen etc.

1. Hier komm' ich als ein armer Gast, o Herr, zu deinem Tische, den du für mich bereitet hast, dass er mein Herz erfrische; und wenn mein Sehnen ist gestillt, dass auch der Dank, der mich erfüllt, in Aller Dank sich mische.

2. Du selber, Heiland, sprichst das Wort: Ich bin das Brod zum Leben; ich bin der Brunn, der fort und fort der Seelen Durst kann heben. Wer mein Wort hält und glaubt an mich, dem will ich jetzt und ewiglich der Labung Fülle geben.

3. So führe mich, du treuer Hirt, auf deine Himmelsauen, wo meine Seel' erquicket wird, voll Hoffnung dich zu schauen. Die Ströme deiner Gütigkeit hältst du für Alle dort bereit, die deiner Hut vertrauen.

4. Herr, mit Verlangen such' ich dich auf deiner grünen Weide; dein Lebensmanna speise mich zum Trost in allem Leide. Es tränke mich dein theures Blut, dass mich kein falsches Erdengut von deiner Liebe scheide.

5. Wie sich des matten Wandrers Herz der frischen Quelle freuet, so werd' ich von der Seele Schmerz in deinem Mahl befreiet. Du linderst meiner Sünden Pein, du flössest deinen Trost mir ein, in dir werd' ich erneuet.

6. Vor Allem aber wirk' in mir den Ernst der wahren Reue, dass ich, gereiniget von dir, nun jede Sünde scheue. Fach' in mir, Herr, den Glauben an, der dein Verdienst ergreifen kann, damit mein Geist sich freue.

7. Entzünd' in Andacht mein Gemüth, dass von der Welt ich lasse, und deine treue Lieb' und Güt' in deinen Gaben fasse; dass Lieb', o Seelenfreund, zu dir und meinem Nächsten wachs' in mir, ich auch den Feind nicht hasse.

8. So komm, o du mein treuster Freund, lass in mein Herz dich schliessen! Mit dir bin ich nun ganz vereint; ich will von dir nur wissen; von dir allein, o Gotteslamm, der du auch mich am Kreuzesstamm aus Noth und Tod gerissen.

                                            Sieber.

Choral.

1. Ich komm' und su - che dich, Herr! es ver - lan - get mich nach

dei - nen Ga - ben; dein Wort be - ruft auch mich, bei

die - sem halt' ich dich, du wirst mich la - ben.

2. Bin ich gleich schwach und arm, so wird dein Retterarm mich kräftig fassen; zum Leben, nicht zum Tod, wirst du das Lebensbrod mich nehmen lassen.

3. Nur Glauben schenke mir, dass ich, mein Heil, mit dir mich fest verbinde; damit mein mattes Herz durch deinen Todesschmerz Genesung finde.

4. Dies Pfand von deiner Huld, die auch für meine Schuld ans Kreuz geschlagen, erwecke meinen Sinn, so lang' ich leb' und bin, dir Dank zu sagen.

5. Wie du, o höchstes Gut, dich mir mit Leib und Blut hast dargegeben, so wirke du in mir, dass ich auch wieder dir mög' einzig leben.

6. Gieb, dass ich als ein Zweig, an Kraft und Leben reich, fest an dir bleibe, und, als in dich versetzt, stets frisch und unverletzt viel Früchte treibe.

7. Mein Leben sei in dir, dein Leben sei in mir, nimm mich zu eigen! Ich will auf dich nur sehn, will nur die Wege gehn, die du wirst zeigen.

8. Du hast an mir gethan, wie ich nicht würdig kann dich, Heiland, preisen: hilf, dass ich willig sei, dem Nächsten Lieb' und Treu' stets zu erweisen.

9. Und einst verleihe mir, dass ich auch dort bei dir dein Mahl empfange; in deines Vaters Reich, Herr, deinen Jüngern gleich, zu dir gelange.

Choral.

Nach der Melodie: Meinen Jesum lass ich nicht etc.

1. Die ihr theuer seid erkauft,
In dem Herrn geliebte Brüder,
All' auf Christi Tod getauft,
Alle seines Leibes Glieder:
Kommt, Versöhnte, kommt, erneut
hier den Bund der Seligkeit!

2. Nehmet hin und esst sein Brod:
Christi Leib, für euch gegeben;
Nehmt und trinkt auf sein Gebot
Diesen Kelch zum ew'gen Leben!
Hingegeben in den Tod
Bracht' er Frieden uns mit Gott.

3. Die mit voller Zuversicht
Deiner Nähe hier sich freuen:
Lass sie wandeln, Herr, im Licht,
Und sich dir zum Opfer weihen;
Lass ihr Herz vom Stolze rein,
Voll von deiner Demuth sein!

4. Tröste, die in Traurigkeit
Ueber ihre Seele wachen;
Hilf, o Herr der Herrlichkeit,
Und sei mächtig in den Schwachen!
Die gebeugt von ferne stehn,
Lass sie unerhört nicht flehn!

5. Nehmet hin und esst sein Brod:
Seinen Leib, für euch gegeben;
Nehmt und trinkt auf sein Gebot
Aus dem Todeskelch das Leben!
Hingegeben in den Tod,
Hob er uns empor zu Gott.

6. Hoherpriester, der du bist
In das Heiligthum gegangen!
Sprich sie los, Herr Jesu Christ,
Wenn sie nun dein Mahl empfangen!
Lass sie schaun der Gnade Licht,
Herr, in deinem Angesicht!

7. Augenblick voll heil'gen Grauns,
Voller Wonn' und süssen Bebens,
Theures Pfand des künft'gen Schauns,
Vorschmack jenes höhern Lebens:
Lass, wenn sie zum Herrn sich nahn,
Gnad' um Gnade sie empfahn!

8. Nehmet hin und esst sein Brod:
Seinen Leib, für euch gegeben;
Nehmt und trinkt auf sein Gebot
Diesen Kelch zum ew'gen Leben!
Hingegeben in den Tod,
Bracht' er Frieden uns mit Gott.

9. Jesu Christi Mittlertod
Werd' in aller Welt verkündigt!
Der uns hilft in Todesnoth,
Der vor'm Richter uns entsündigt,
Jesus Christ, mit Preis gekrönt,
Hat auch uns mit Gott versöhnt.

10. Deiner Zunge Durst war heiss,
Heisser noch der Durst der Seele;
Müd', in deines Todes Schweiss
Hing dein Leib, rang deine Seele,
Lechzte schmachtender zum Herrn,
Und die Hülfe war noch fern.

11. Du geheimnissvolle Nacht,
Du entreiss'st uns dem Verderben;
Tod, den Keiner je gedacht,
Den die Sterblichen nicht sterben;
Tod, mit Schrecken rings umhüllt,
Gottes Rath hast du erfüllt!

12. Jesus rief: mein Gott, mein Gott!
Warum hast du mich verlassen?
Neigte drauf sein Haupt und Gott
Liess ihn uns zum Heil erblassen.
Als die Sünd' am grössten war,
Ward die Gnad' uns offenbar.

13. Nehmet hin und esst sein Brod:
Seinen Leib, für uns gegeben;
Nehmt und trinkt auf sein Gebot
Aus dem Todeskelch das Leben!
Hingegeben in den Tod',
Bracht' er Frieden uns mit Gott.

Klopstock.

Choral.

Schicht.

1. Mei - ne See - le lob - sin - get dem Herrn;

Je - sum preis' ich von gan - zem Ge - mü - the.

Sei - nen Je - sus, wer preist ihn nicht gern?

E - wig währt des Er - ha - be - nen Gü - te.

2. Tief erniedriget ging er einher,
Unser Mittler und himmlischer Lehrer;
Jedes Leidenden Helfer war er,
Jedes Flehenden milder Erhörer.

3. Selig zu machen, war er gesandt;
Friede Aller das Ziel seines Strebens.
Er, der allein den Vater erkannt,
Hatte Worte des ewigen Lebens.

4. Für uns opfert er liebend sich auf,
Bis er Alles zum Heile vollendet.
Segnend fuhr er zum Vater hinauf,
Der uns ihn zum Erretter gesendet.

5. Hier hat, seinen Erlösten zu gut,
Er ein theures Vermächtniss gelassen:
Seinen Leib und sein heiliges Blut.
Selig, die es erwägen und fassen!

6. Voll Erbarmungen schaut er herab,
Denkt dran, was er den Seinen verheissen:
Sie soll kein Feind, kein Jammer,
kein Grab
Seiner schützenden Allmacht ent-
reissen.

7. Ihn, der keines Erlösten vergisst,
Soll mein ewiges Loblied erheben.
Herz, empfind' es, wie gütig er ist!
Preis' ihn, Seele, durch christliches
Leben!

Für Kranke.

Choral.

Nach der Melodie: Wer nur den lieben Gott lässt walten etc.

1. Ach, könnt' ich mit der Kirche
Gliedern
Vereint, o Jesu, dich erhöhn,
Und freudevoll mit meinen Brüdern,
Herr, deines Todes Mahl begehn!
Dort, wo du mir bei schwerer Last
Mein Herz so oft erquicket hast.

2. Jetzt hier auf meinem Krankenbette
Halt' ich dein Abendmahl allein;
Doch, Herr, ich weiss, an jeder Stätte
Hast du verheissen, nah' zu sein;
Wo Eins der Deinen seufzt und weint,
Da bist du, grosser Menschenfreund!

3. Um Trost ist meinem Herzen bange,
Ich suche, Herr, dein Angesicht;
Allwissender, du weisst, wie lange;
Du weisst allein, was mir gebricht.
Ach, stärke bei des Leibes Schmerz
Mein banges und verzagtes Herz!

4. Vielleicht, o Herr, erquickt mich
heute
Zum letzten Mal dein Leib und Blut;
Noch einmal gieb dem Herzen Freude
Und der verzagten Seele Muth.
Ach, reiche deine starke Hand
Mir Schwachem an des Grabes Rand!

5. Lass das Gedächtniss deiner Leiden,
O Herr, mir Trost und Kraft verleihn;
Lass es die Quelle sel'ger Freuden
Und jenes Lebens Vorschmack sein.
Dein Leiden, dein Versöhnungstod
Erquicke mich in meiner Noth.

6. Und naht d. Tod m. seinen Schrecken:
Ich bin getrost und zage nicht;
Vom Tode wirst du mich erwecken,
Und mich nicht führen zum Gericht.
Ich bin getrost; dein Leib und Blut
Giebt auch im Tode sel'gen Muth.

Sturm.

18*

Von der Sünde und Busse.

Choral.

1. { Al - lein zu dir, Herr Je - su Christ, steht mein Vertrau'n auf
   { ich weiss, dass du mein Trö - ster bist, kein Trost mag sonst mir

Er - den, }
wer - den. } Von An-be - ginn ist nichts erkohr'n, auf Er - den

ist kein Mensch ge - bor'n, der mir aus Nöthen helfen kann: dich

ruf' ich an, von dem ich Hül - fe kann em - pfahn.

2. Ach, meine Schuld ist schwer und gross, doch reut sie mich von Herzen; mach' du von ihr mich frei und los durch deinen Tod und Schmerzen; und nimm dich mein beim Vater an, der du genug für mich gethan: so werd' ich frei von Sündenlast. Mein Glaube fasst, was du mir, Herr, versprochen hast.

3. Stärk' selbst durch dein' Barmherzigkeit in mir ein recht Vertrauen, auf dass ich deine Freundlichkeit mög' inniglich anschauen; vor allen Dingen lieben dich und meinen Nächsten gleich als mich. Hilf, Herr und Gott, aus aller Noth; auf dein Gebot end' alles Leid ein sel'ger Tod.

4. Ehr' sei Gott auf dem höchsten Thron, dem Vater aller Güte, und Jesu Christo, seinem Sohn, der gnädig uns behüte; und Gott, dem heil'gen Geist, sei Ehr', der von uns weiche nimmermehr; dass wir zum Lob ihm sei'n bereit, hier in der Zeit, und dort in alle Ewigkeit.

Schneesing (gen. Chiomusus).

Choral.

Nach der Melodie: Was Gott thut, das ist wohlgethan etc.

1. Der du die Macht im Himmel hast die Sünde zu vergeben, befrei' auch mich von meiner Last, und schenke mir das Leben! Ich komme hier und beichte dir: mein Weg — er ging zum Sterben; ach lass mich nicht verderben.

2. In mir ist nicht Gerechtigkeit, kein Licht und kein Vermögen; an deiner Huld, die mir verzeiht, ist all mein Heil gelegen. Blickst du mich an, der helfen kann, dann werd' ich wieder leben, und dir die Ehre geben.

3. Hier werf' ich mich in meiner Noth, Erbarmer, dir zu Fusse. Verleihe mir durch deinen Tod die Gnade wahrer Busse! Nimm aus dem Sinn das Arge hin; und lass mich noch auf Erden nach deinem Sinne werden!

4. Versprech' ich viel in eigner Kraft, so kann ich dir nichts halten. Lass deinen Geist, der Alles schafft, in meiner Seele walten! O höchstes Gut, du kannst mir Muth und Kraft zu neuem Leben aus deiner Fülle geben.

5. Vergiebst du mir, o Gottes Sohn, so kann ich mich erheben! Still blick' ich auf zum Gnadenthron; denn Gnade nur giebt Leben. Noch täglich hier bekenn' ich dir, o Jesu, meine Sünden, bis ewig sie verschwinden!

Woltersdorf.

Choral.

1. Herr, ich ha - be miss - ge - han - delt
   ich bin nicht den Weg ge - wan - delt,

und mich drückt der Sün - den Last;
den du mir ge - zei - get hast;

jetzt möcht' ich vor dei - nen Schre - cken

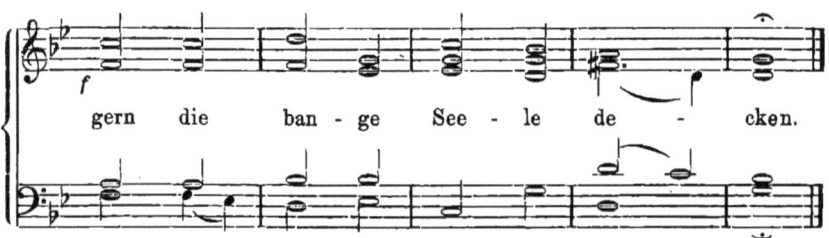

gern die ban - ge See - le de - cken.

2. Doch wie könnt' ich dir entfliehen?
Du wirst allenthalben sein.
Wollt' ich über Meere ziehen,
Stieg' ich in die Gruft hinein,
Hätt' ich Flügel, gleich den Winden:
Dennoch würdest du mich finden.

3. O so will ich dir bekennen:
Herr, ich habe missgethan;
Darf nicht mehr dein Kind mich nennen,
Nimmst du nicht mich gnädig an.
So du richtest nach der Strenge,
Tödtet mich der Sünden Menge.

4. Doch du hast dahingegeben
Den Geliebten in den Tod,
Und er hat zu neuem Leben
Sünder dir versöhnt, o Gott:
Seines Heils darf ich mich trösten
Mit den Schaaren der Erlösten

5. Lass nun deinen Geist mich leiten,
Treu zu thun, was dir gefällt;
Lass mich unermüdet streiten
Mit der Sünd' und Lust der Welt.
Nimmer lass mich wieder wanken;
Ewig soll mein Herz dir danken.

Frank (Johann).

Choral.

Nach der Melodie: Herzlich lieb hab' ich etc.

1. Ich komme, Friedensfürst, zu dir.
Erbarmend rufst du ja auch mir,
Den Frieden zu empfangen.
Der Sünden Last ist mir zu schwer;
O lass mein Herz von Trost nicht leer!
Lass es zur Ruh' gelangen;
Zur Ruh', die dem gebeugten Geist,
Der zu dir flieht, dein Wort verheisst!
Wer tröstet mich, als du allein?
Wer macht mein Herz von Sünden rein?
Herr Jesu Christ, mein Trost und Licht,
Mein Trost und Licht,
Verwirf mein sehnlich Flehen nicht!

2. Du, Herr, bist meine Zuversicht;
Durch dich entflieh' ich dem Gericht,
Dem schweren Lohn der Sünden.
Durch dich kann ich vor Gott bestehn
Und in ihm meinen Vater sehn,
Durch dich das Leben finden.
Dein Tod ist der Verlornen Heil;
Gieb mir an seinem Segen Theil.
Er sei auch mir Beruhigung
Und meines Lebens Heiligung!
Herr Jesu Christ, ich hoff' auf dich,
Ich hoff' auf dich;
In dieser Hoffnung stärke mich!

3. Mein ganzes Leben preise dich!
Erlöst, mein Mittler, hast du mich,
Dein Eigenthum zu werden.
Bin ich nur dein, so fehlt mir nichts;
Nichts dort am Tage des Gerichts,
Nichts hier auf dieser Erden.
Auf dieser Bahn zum Vaterland
Entzieh' mir niemals deine Hand:
Zu deinem Dienste stärke mich,
Und lass mich siegen einst durch dich!
Herr Jesu Christ, mein Herr und Gott,
Mein Herr und Gott,
Hilf mir zum Leben durch den Tod!

Choral.

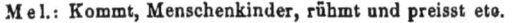

Mel.: Kommt, Menschenkinder, rühmt und preisst etc.

1. Ich komme vor dein An-gesicht, verwirf, o Gott, mein Flehen

nicht; vergieb mir al - le meine Schuld, du Gott der Gnaden und Geduld.

2. Schaff' du ein reines Herz in mir, ein Herz voll Lieb' und Furcht zu dir, ein Herz voll Demuth, Preis und Dank, ein ruhig Herz mein Lebenlang.

3. Sei mein Beschützer in Gefahr; ich harre deiner immerdar. Ist wohl ein Uebel, das mich schreckt, wenn deine Rechte mich bedeckt?

4. Ich bin ja, Herr, in deiner Hand. Von dir empfing ich den Verstand: erhalt' ihn mir, o Herr, mein Hort, und stärk' ihn durch dein göttlich Wort.

5. Lass, deines Namens mich zu freun, ihn stets vor meinen Augen sein. Lass, meines Glaubens mich zu freun, ihn stets durch Liebe thätig sein.

6. Was du mich lehrst, das ist mein Heil; dir folgen, sei mein bestes Theil. Nach deines Reichs Gerechtigkeit lass, Herr, mich trachten allezeit.

7. Ich bin zu schwach aus eigner Kraft zu siegen über Leidenschaft: du aber ziehst mit Kraft mich an, dass ich den Sieg erlangen kann.

8. Gieb von den Gütern dieser Welt mir, Herr, so viel als dir gefällt: gieb deinem Knecht ein mässig Theil, zu seinem Fleisse Glück und Heil.

9. Schenkt deine Hand mir Ueberfluss, so gieb mir Weisheit im Genuss, und lass, die Dürft'gen zu erfreun, mich einen frohen Geber sein.

10. Gieb mir Gesundheit und verleih', dass ich sie nütz' und dankbar sei, und nie aus Liebe gegen sie mich zaghaft einer Pflicht entzieh'.

11. Erwecke mir stets einen Freund, der's treu mit meiner Wohlfahrt meint, mit mir in deiner Furcht sich übt, mir Rath und Trost und Beispiel giebt.

12. Bestimmst du mir ein längres Ziel und werden meiner Tage viel, so bleibe meine Zuversicht, verlass mich auch im Alter nicht.

13. Und wird sich einst mein Ende nahn, so nimm dich meiner herzlich an, und sei durch Christum, deinen Sohn, mein Schirm, mein Schild und grosser Lohn.

Gellert.

Vom Glauben und von der Rechtfertigung.

Choral.

Nach der Melodie: Aus meines Herzens Grunde etc.

1. Ach, lass mich weise werden, der du vom Himmel bist, und der uns hier auf Erden zur Weisheit worden ist! Wer zeigt mir sonst die Bahn? Ach, welche Dunkelheiten bei so viel Eitelkeiten in dieser Welt voll Wahn!

2. Ich suche deine Spuren; du bist das Licht der Welt, das allen Creaturen ihr Licht giebt und erhält. Zu dir nur will ich fliehn, zu dir, o heil'ger Meister, zu dir, du Geist der Geister! Sonst weiss ich nicht wohin.

3. Ach, lass mich nur nicht fehlen; vertreib' die Finsterniss! Mach' meiner dunklen Seelen des Glaubens Gang gewiss! Erneure meinen Sinn, mach' aus der Lebensquelle mein Auge klar und helle; richt' es zur Wahrheit hin.

4. Mein Heiland, ich begehre von dir nicht Lust und Geld; nicht eitle Menschenehre, noch sonst ein Glück der Welt. Gieb mir dein Himmelslicht, dein Wort recht zu verstehen, dich hier im Wort zu sehen, und dort von Angesicht.

5. Ich will dir Lieb' erweisen dafür in dieser Zeit; will hier dich dankbar preisen und dort in Ewigkeit. Gieb mir zur Weisheit dich! Was kann mit allem Sinnen des Menschen Geist gewinnen? Mein Licht, erleuchte mich!

Hiller.

Choral.

Nach der Melodie: Nach einer Prüfung kurzer Tage etc.

1. Ich habe nun den Grund gefunden, der meinen Anker ewig hält. Wo anders als in Jesu Wunden? da lag er vor der Zeit der Welt; der Grund, der unbeweglich steht, wenn Erd' und Himmel untergeht.

2. Es ist das ewige Erbarmen, das alles Denken übersteigt; die Liebe, die mit offnen Armen sich gnädig zu den Sündern neigt; das Herz, das stets vor Mitleid bricht, wir kommen oder kommen nicht.

3. Wir sollen nicht verloren werden, Gott will, uns soll geholfen sein; drum kam sein Sohn herab zur Erden und nahm für uns den Himmel ein; und rief auch uns erbarmend zu: kommt her zu mir, bei mir ist Ruh'!

4. O Abgrund, welcher alle Sünden in Christi Tod verschlungen hat! Das heisset: Heil und Hoffnung gründen! hier findet kein Verdammen statt; denn Christi Blut hat uns befreit, und rufet laut: Barmherzigkeit!

5. An diesen Ruf will ich gedenken, will ihm getrost und gläubig traun; und wenn mich meine Sünden kränken, nur bald nach Gottes Herzen schaun: da findet sich zu aller Zeit unendliche Barmherzigkeit.

6. Wird alles Andre mir entrissen, was Leib und Seel' erquicken kann; darf ich von keinem Troste wissen, und nimmt kein Freund sich meiner an; ist die Errettung noch so weit: mir bleibet doch Barmherzigkeit.

7. Es gehe mir nach dessen Willen, bei dem so viel Erbarmen ist; er wolle selbst mein Herz mir stillen, damit es seiner nie vergisst. Dann steh' ich fest in Lieb' und Leid gegründet auf Barmherzigkeit.

8. Bei diesem Grunde will ich bleiben, so lange mich die Erde trägt; das will ich denken, thun und treiben, so lange sich ein Glied bewegt; so sing' ich ewig hoch erfreut: o Abgrund der Barmherzigkeit!

Rothe.

Choral.

Mel.: Kommt her zu mir etc.

1. So hoff' ich denn mit fe - stem Muth auf Got - tes Gnad' und Chri - sti Blut, ich hoff' ein e - wig Le- ben! Gott ist ein Va - ter, der ver - zeiht; hat mir das Recht der Se - lig - keit in sei-nem Sohn ge - ge - - ben.

2. Herr, welch' ein unaussprechlich Heil, an dir, an deiner Gnade Theil, Theil an dem Himmel haben! Im Herzen durch den Glauben rein, dich lieben und versichert sein von deines Geistes Gaben!

3. Dein Wort, das Wort der Seligkeit, wirkt göttliche Zufriedenheit, wenn wir es treu bewahren; es spricht uns Trost im Elend zu, versüsset uns des Lebens Ruh', und stärkt uns in Gefahren.

4. Erhalte mir, o Herr, mein Hort, den Glauben an dein göttlich Wort, um deines Namens willen! Lass ihn mein Licht auf Erden sein, ihn täglich mehr mein Herz erneun, und mich mit Trost erfüllen!   Gellert.

Von der Liebe zu Gott und Christo.

Choral.

1. { Je - su, mei - ne Freu - de, mei - nes Herzens Wei - de,
Ach wie lang', ach lan - ge, ist dem Herzen ban - ge

Je - su mei - ne Zier! } Gottes Lamm, mein Bräu - ti - gam! ausser
und ver - langt nach dir.

dir soll mir auf Er - den nichts so Liebres wer - den.

2. Unter deinem Schirmen bin ich vor den Stürmen aller Feinde frei. Lass die Felsen splittern, lass den Erdkreis zittern: Jesus steht mir bei. Ob die Welt in Trümmer fällt, ob gleich Tod und Hölle schrecken; Jesus will mich decken.

3. Donnert auch im Grimme des Gesetzes Stimme: Jesus stillet sie. Mag der Tod sich nahen, mich das Grab umfahen: Jesus lässt mich nie. Mich schreckt nicht das Weltgericht. Freudig, dass ich Jesum sehe, blick' ich auf zur Höhe.

4. Lockt nur, Gold und Schätze! Ehre sei der Götze der betrognen Welt! Mich sollt ihr nicht blenden, nimmer von ihm wenden, der mich treu erhält! Elend, Noth, Kreuz, Schmach und Tod soll mich, ob ich viel muss leiden, nicht von Jesu scheiden.

5. O vergänglich Wesen, das die Welt erlesen: ich entsage dir. In mir sollt ihr, Sünden, keine Stätte finden; weichet fern von mir! Fahre hin, hoffährt'ger Sinn! Abschied sei, o eitles Leben, ewig dir gegeben.

6. Weicht, ihr Trauergeister! denn mein Herr und Meister kehret bei mir ein. Was mich auch betrübe, wenn ich ihn nur liebe, muss mir Freude sein. Duld' ich schon hier Spott und Hohn; dennoch bleibst du auch im Leide, Jesu meine Freude.

Frank (Johann).

Choral.

1. { Eins ist Noth! Ach Herr diess Ei - ne leh - re mich er-
   { Al - les An - dere, wie's auch scheine, ist ja nur ein

ken - nen doch. } da - run-ter die See-le sich mühet und
schweres Joch, }

pla - get und dennoch kein vol - les Ge - nü - gen er-

ja - get. Er - lang' ich diess Ei - ne, das Al - les er-

setzt, so werd' ich mit Ei - nem in Al - lem er - götzt.

2. Seele, willst du dieses finden, such's bei keiner Creatur; lass nichts Irdisches dich binden, schwing' dich über die Natur. Wo Gott und die Menschheit in Einem vereinet, wo alle vollkommene Fülle erscheinet: da, da ist das beste, nothwendigste Theil, dein Ein und dein Alles, dein seligstes Heil.

3. Dir auch ist das Glück beschieden, das Maria sich erlas, als sie dort, mit sel'gem Frieden, still zu Jesu Füssen sass. Ihr brannte das Herz, um die heiligen Lehren von Jesu, dem himmlischen Meister, zu hören; ihr Alles war gänzlich in Jesum versenkt: so ward ihr auch Alles in Einem geschenkt.

4. Also richt' auch mein Verlangen, treuer Heiland, nur nach dir; lass mich treulich an dir hangen, schenke dich zu eigen mir. Wie Viele dich auch mit der Menge verlassen, so will ich in Liebe dich dennoch umfassen; denn dein Wort, o Jesu, ist Leben und Geist, giebt Frieden, der ewige Freude verheisst.

5. Aller Weisheit höchste Fülle in dir ja verborgen liegt. Gieb nur, dass sich auch mein Wille gern in solche Schranken fügt, wo Demuth und Einfalt und Stille regieret und hin zu der Weisheit, die himmlisch ist, führet. Ach, wenn ich nur Jesum recht kenne und weiss, so hab' ich der Weisheit· vollkommenen Preis.

6. Nichts kann ich vor Gott ja bringen, als nur dich, mein höchstes Gut; Jesu, es muss mir gelingen durch dein heil'ges, theures Blut. Die höchste Gerechtigkeit ist mir erworben, da du bist am Stamme des Kreuzes gestorben; da hab' ich den Schmuck der Gerechten erlangt, worinnen mein Glaube in Ewigkeit prangt.

7. Nun so gieb, dass meine Seele auch nach deinem Bild erwacht; du bist ja, den ich erwähle, mir zur Heiligung gemacht. Was dienet zu göttlichem Wandel und Leben, das ist, mein Erlöser, in dir mir gegeben. Entreisse mich aller vergänglichen Lust: dein Leben sei, Jesu, mir einzig bewusst!

8. Volle Gnüge, Fried' und Freude ist's, was meine Seel' ergötzt, weil auf immer grüne Weide mein Hirt Jesus mich versetzt. Nichts Süsseres kann mich, nichts Höheres laben, als wenn ich, mein Jesu, dich immer kann haben. Nichts giebt es, das also mich innig erquickt, als wenn ich dich, Jesu, im Glauben erblickt.

9. Drum, o Jesu, du alleine sollst mein Ein und Alles sein. Prüf', erforsche, wie ich's meine; tilge allen Heuchelschein; sieh', ob ich auf bösem, betrüglichem Stege, und leite mich, Höchster, auf ewigem Wege; o lehre, was irdisch, mich fliehn bis zum Tod, und Jesum gewinnen: diess Eine ist Noth!   Schröder.

Choral.

1. Herz-lich lieb hab' ich dich, o Herr! ich bitt', wollst sein von
Die gan-ze Welt er-freut mich nicht, nach Erd' und Him-mel

mir nicht fern mit dei-ner Hülf' und Gna - den.
frag' ich nicht, wenn ich nur dich kann ha - ben.
Und wenn mir

gleich mein Herz zerbricht, so bist du doch mein' Zu-ver-

sicht, mein Theil und mei-nes Herzens Trost, der mich durch

sein Blut hat er-löst; Herr Je-su Christ, mein Gott und

Herr, mein Gott und Herr! in Schanden lass mich nim-mer-mehr.

2. Es ist ja dein Geschenk und Gab' mein Leib' und Seel', und was ich hab' in diesem armen Leben: damit ich's brauch' zum Lobe dein, zu Nutz und Dienst des Nächsten mein, wollst du mir Gnade geben. Behüt' mich, Herr, vor falscher Lehr, in mir den rechten Glauben mehr'; in allem Kreuz erhalte mich, auf dass ich's trag' geduldiglich. Herr Jesu Christ, mein Herr und Gott, tröst' meine Seel' in Todesnoth!

3. Lass deinen Engel bei mir sein, der meine Seel' aus aller Pein zur ew'gen Ruhe trage. Den Leib lass sanft im Grabe ruhn, bis du erscheinst, es aufzuthun, o Herr, am jüngsten Tage. Alsdann vom Tod erwecke mich, dass meine Augen sehen dich in aller Freud', o Gottes Sohn, mein Heiland und mein Gnadenthron! Herr Jesu Christ, erhöre mich! ich will dich preisen ewiglich!

Schalling.

Choral.

Nach voriger Melodie.

1. Herr Jesu Christ, mein höchstes Gut, in dem allein mein Glaube ruht, du meines Herzens Freude! Ja Herr, du bleibe stets an dir; so ist auch nichts, das dich von mir, und unsre Liebe scheide. Du machst mir deinen Weg bekannt, hältst mich bei deiner rechten Hand, regierest meinen Lebenslauf, und hilfst mir aus der Schwachheit auf. Herr Jesu Christ, du bist mein Licht, du bist mein Licht; ich folge dir, so irr' ich nicht!

2. Du leitest mich nach deinem Rath, der Andres nichts beschlossen hat, als was mir Segen bringet; geht's gleich zu Zeiten wunderlich, so weiss ich dennoch, dass durch dich der Ausgang wohl gelinget. Nach schwerem Gang auf rauher Bahn nimmst du mich dort mit Ehren an, und legst mir bei nach allem Leid die Krone der Gerechtigkeit. Herr Jesu Christ, bei dir allein, bei dir allein wünsch' ich auf ewig mir zu sein!

3. O Herr, mein Heil, mein Trost, mein Licht! Hab' ich nur dich, so frag' ich nicht nach Himmel und nach Erden; denn wär' der Himmel ohne dich, so könnte keine Lust für mich in tausend Himmeln werden. Und wärst du nicht auf Erden mein, möcht' ich auch nicht auf Erden sein; denn auch die ganze weite Welt hat nichts, was mir wie du gefällt, Herr Jesu Christ, wo du nicht bist, wo du nicht bist, ist nichts, was mir erfreulich ist.

4. Und ob mir unter Kreuz und Noth, ja unter martervollem Tod auch Seel' und Leib verschmachten; und gäb es auch der Qual noch mehr, die schrecklich, gleich der Hölle, wär': mein Glaube soll's nicht achten. Du bist, du bleibest doch mein Heil, und meines Herzens Trost und Theil; so wird und muss durch dich allein auch Leib und Seele selig sein. Herr Jesu Christ, ich hoffe fest, ich hoffe fest, dass deine Kraft mich nicht verlässt.

5. Nun, Herr, ich halte mich zu dir; du aber hältst dich auch zu mir, und das ist meine Freude. Ich setze meine Zuversicht auf dich, mein Fels, der nicht zerbricht im allerschwersten Leide. Dein Thun soll Alles und allein in meinem Mund und Herzen sein, bis ich dich werd' im Himmel sehn, und mit den Deinen dich erhöhn. Herr Jesu Christ, ich hoffe drauf, ich hoffe drauf: du kommst und nimmst mich zu dir auf.

Neumeister.

Choral.

1. { Mein Je - su, dem die Se - ra - phi - nen im Glanz der
   { selbst mit be - deck-tcm Ant - litz die - nen, wenn dein Be-

höchsten Ma-je - stät, } wie sollten blö - de Fleisches-Au-gen,
fehl an sie er - geht: }

die der ver-hass-ten Sün-den Nacht mit ih - rem Schat-ten

trü - be macht, dein hel - les Licht zu schau-en tau - gen?

2. Doch gönne meines Glaubens Blicke
Den Eingang in dein Heiligthum,
Dass deine Gnade mich erquicke,
Zu meinem Heil und deinem Ruhm!
Von fern steht die beschämte Seele;
Doch wenn sie reuevoll sich beugt,
Bist du es, der sich gnädig neigt
Und spricht: „Du bist's, die ich erwähle."

3. Sei gnädig, Jesu, voller Güte,
Dem Herzen, das nach Gnade ringt!
Hör', wie aus innerstem Gemüthe
Mein Flehn und Seufzen zu dir dringt.
Ich weiss, du kannst mich nicht verstossen;
Du hörst mich voll Barmherzigkeit,
Da du mich selbst von Schuld befreit;
Dein Blut ist auch für mich geflossen.

4. Ich fall in deine Gnadenhände;
Ach, sieh' auf mein gebeugtes Herz!
Gerechter König, wende, wende,
Die Gnade zu der Reue Schmerz!
Ich bin geheilt durch deine Wunden,
Verdammlich ist nichts mehr an dir;
Bin aber ich versöhnt mit dir,
So bleib' ich auch mit dir verbunden.

5. Ach! lass mich deine Weisheit leiten,
Und nimm ihr Licht nicht von mir
weg,
Stell' deine Gnade mir zur Seiten,
Zum Beistand auf dem schmalen Steg,
Damit ich richtig vor dir wandle,
Und unverrückt zu dieser Zeit,
In Lieb' und Herzensfreundlichkeit
Nach deinem Wort und Willen handle.

6. Reich' mir die Waffen aus der Höhe
Und stärke mich durch deine Macht,
Dass ich im Glauben sieg' und stehe,
Wenn Stärk' und List der Feinde
wacht!
So wird dein Gnadenreich auf Erden,
Worin Gerechtigkeit regiert
Und uns zu Fried' und Freude führt,
Auch in mir ausgebreitet werden.

7. Ja, ja, mein Herz will dich umfassen,
Erwähl' es, Herr, zu deinem Thron!
Hast du den Himmel doch verlassen
Aus Liebe, Jesu, Gottes Sohn!
So würd'ge auch mein Herz, o Leben!
Und lass es deinen Tempel sein,
Bis du, wenn dieser Bau fällt ein,
Mich wirst in deinen Himmel heben.

8. Ich steig' hinauf zu dir im Glauben,
Steig' du in Lieb' herab zu mir;
Lass nichts mir diese Freude rauben;
Erfülle mich nur ganz mit dir!
Ich will dich fürchten, lieben, ehren,
So lang' in mir das Herz sich regt;
Und wenn dasselb' auch nicht mehr schlägt.
So soll doch noch die Liebe währen.

Dessler

Choral.

Hiller.

1. Wie wohl ist mir, o Freund der See - len, wenn ich in
Von al - len Sor-gen, die mich quä - len, eil' ich dem

dei - ner Lie - be ruh'! Da muss die Nacht des Trau - erns
be - sten Freun-de zu. Hier ist mein Him - mel schon auf

schei - den, wenn mit des Tro - stes sel' - gen Freu-
Er - den! wem muss nicht vol - le Gnü-ge wer-

den die Lieb' aus dei - nem Au - ge blickt.
den, wenn ihn der Hei - land selbst er - quickt?

2. Die Welt mag sich mir feindlich zeigen, es sei also; ich acht' es nicht. Will sie sich freundlich zu mir neigen: ich flieh' ihr trügend Angesicht. Die Freud' in dir sucht meine Seele; du bist mein Freund, den ich erwähle; du bleibst mein Freund, wenn Freundschaft weicht. Kein Sturm der Welt kann mich zerschellen, weil in den stärksten Trübsalswellen mir deine Hand den Anker reicht.

3. Will mich die Last der Sünden drücken, blitzt auf mich des Gesetzes Weh: nur du kannst mich dem Fluch entrücken; drum schau' ich gläubig in die Höh'. Ich flieh' zu deinen Todeswunden; die Zuflucht hab' ich da gefunden, wo mich kein Fluchstrahl treffen kann. Tritt Alles wider mich zusammen: du bist mein Heil, wer will verdammen? die Liebe nimmt sich meiner an.

4. Ob du mich auch durch Wüsten leitest, ich folg' und halte mich an dich, der du mir Himmelsbrod bereitest und labest aus dem Felsen mich. Ich traue deinen Wunderwegen; sie enden sich in Lieb' und Segen. Genug, wenn ich dich bei mir hab'. Ich weiss, wen du willst herrlich zieren und über Sonn' und Sterne führen, den führest du zuvor hinab.

5. Der Tod mag Andern düster scheinen: ich seh' ihn an mit frohem Muth; denn du, o Herr, verlässest Keinen, dess Herz in deiner Liebe ruht. Wie kann des Weges Ziel mich schrecken, da aus der Nacht, die mich wird decken, ich eingeh' in die Sicherheit? Mein Licht, so will ich denn mit Freuden aus dieser finstern Wildniss scheiden zur sel'gen Ruh' der Ewigkeit. Dessler.

Choral.

Nach voriger Melodie.

1. O Vater, du mein Licht und Leben, du meines Heiles einz'ger Quell; dir bin ich einmal übergeben, dir, dir gehört nun Leib und Seel'. Ich will mich nicht mehr selber führen, der Vater soll sein Kind regieren; so geh denn mit mir aus und ein. Ach Herr, erhöre meine Bitten und leite mich auf allen Tritten; ich geh' nicht einen Schritt allein.

2. Du weisst allein die Friedenswege, auch das, was mir den Frieden stört; drum lass mich meiden alle Stege, wo Welt und Sünde mich versehrt. Ach, dass ich nimmer von dir irrte, noch durch Zerstreuung mich verwirrte, auch nicht beim allerbesten Schein! O halte meine Seele feste, hab' Acht auf mich auf's Allerbeste, und lehre selbst mich wachsam sein!

3. Herr, mache du mich sanft und stille, dass ich dir immer folgen kann. Nicht mein, nur dein vollkommner Wille sei für mich Schranke, Ziel und Bahn. Mir soll nichts ohne dich genügen; lass mir nichts mehr am Herzen liegen, als deines grossen Namens Ruhm; der sei allein mein Ziel auf Erden! ach lass es nie verrückt mir werden, denn ich bin ja dein Eigenthum.

4. Lass deinen Geist mich täglich treiben, Gebet und Flehen dir zu weihn! Dein Wort lass mir im Herzen bleiben, und in mir Geist und Leben sein! Lass deinen Zuruf stets erschallen, gerecht und fromm vor dir zu wallen! Zieh ganz zu dir die Seele hin; vermehr' in mir dein innres Leben, dir unaufhörlich Frucht zu geben, und bilde mich nach deinem Sinn.

5. So leb' und lieb' ich in der Stille und ruh' als Kind in deinem Schooss. Ich schöpfe Heil aus deiner Fülle, mein Herz ist aller Sorgen los. Ich sorge nur vor allen Dingen, wie ich zum Himmel möge dringen, und halt' im Glauben mich bereit. Ach zieh mich, zieh mich weit von hinnen; was du nicht bist, lass ganz zerrinnen, o reiner Glanz der Ewigkeit!

Nachfolge Christi.

Choral.

Mel.: Mach's mit mir, Gott, nach deiner Güt' etc.

1. Mir nach! spricht Christus, un - ser Held, mir nach, ihr
   ver - leug - net euch, ver - lasst die Welt, folgt mei - nem

Christen al - le! }
Ruf und Schal - le! } Nehmt auf euch Kreuz und Un - ge-

mach und fol - get mei - nem Wan - del nach.

2. Ja, Herr, mein Licht, du leuchtest mir mit heil'gem Tugendleben:
wer zu dir kommt und folget dir, darf nicht im Finstern schweben. Du bist
der Weg, du zeigest wohl, wie man wahrhaftig wandeln soll.

3. Ganz voller Demuth ist dein Herz, voll Liebe dein Gemüthe; es fliesst
dein Mund im grössten Schmerz von Sanftmuth und von Güte; du bleibst beständig, wo du bist, in dem, was deines Vaters ist.

4. Du zeigst uns das, was schädlich ist, zu fliehen und zu meiden, und
unser Herz von arger List zu rein'gen und zu scheiden. Du bist der Seelen
Fels und Hort, und führst uns zu der Himmelspfort'.

5. Fällt's uns auch schwer, du gehst voran, du stehst uns an der Seite;
du kämpfest selbst, und brichst die Bahn, bist alles in dem Streite. Ein böser
Knecht, der stille steht, wenn ihm voran der Feldherr geht!

6. Wer ohne dich sein Leben liebt, wird's ohne dich verlieren; doch
wer's in deinen Willen giebt, der wird's zum Heile führen. Wer dir nicht
folgt im Kreuz der Zeit, ist dein nicht werth in Ewigkeit.

7. So lasst uns denn dem lieben Herrn mit Leib und Seel' nachgehen,
und wohlgemuth, getrost und gern bei ihm im Leiden stehen; denn wer nicht
kämpft, trägt auch die Kron' des ew'gen Lebens nicht davon.

Scheffler (Angelus).

Lob- und Danklieder.

Choral.

Mel.: Lobt Gott, ihr Christen etc.

1. Du bist's dem Ehr' und Ruhm ge-bührt, und das Herr, bring' ich dir; mein

Schicksal hast du stets re-giert, und stets warst du mit mir.

2. Wenn Angst und Noth sich mir genaht, so hörtest du mein Flehn, und liessest mich, nach deinem Rath, darin nicht untergehn.

3. Wenn ich in Schmerz und Krankheit sank, und rief: Herr, rette mich! so halfst du; dich erhob mein Dank, mein Herz erkannte dich.

4. Betrübte mich des Feindes Hass und klagt' ich dir den Schmerz, so gabst du seinem Zorne Maass, und mir Geduld in's Herz.

5. Wenn ich den rechten Pfad verlor und voller Schuld mich sah, rief ich zu dir, mein Gott, empor, und Gnade war mir nah'.

6. Und wenn nach Trost die Seele rang, sucht' ich dein Angesicht; voll Sehnsucht rief ich: Herr, wie lang'? da sandt'st du Trost und Licht.

7. Herr, für die Leiden dank' ich dir, dadurch du mich geübt, und für die Freuden, welche mir dein milder Segen giebt.

8. Dir dank' ich, Herr, dass die Natur mich nährt und mich erfreut; ich seh' in jeder Creatur, Gott, deine Freundlichkeit.

9. Ich danke dir für deinen Sohn, der mir zum Heile starb, und der zu deinem Gnadenthron den Zutritt mir erwarb.

10. Lobt Gott in seinem Heiligthum! erheb' ihn, Volk des Herrn! Die Erd' ist voll von seinem Ruhm; er hilft und rettet gern.

11. Er hilft, und lässt die Traurigkeit gar bald vorübergehn; will uns, nach kurzer Prüfungszeit, zu ew'gem Glück erhöhn.

12. Vergiss nicht, Seele, deinen Gott, nicht, was er dir gethan; verehr' und halte sein Gebot, und bet' ihn ewig an!   Gellert.

Choral.

1. { Es wol-le Gott uns gnädig sein und sei - nen Segen ge-
sein Ant-litz uns mit hellem Schein erleuchten zum ew'gen Le-

ben! } dass wir er - ken - nen sei - ne Werk' und sei - ne
ben,

Weg' auf Er - den; dass Je - su Christi Heil und Stärk' be-

kannt den Hei - den wer - den und sie zu Gott be - keh - ren!

2. So danken wir und loben dich, o Gott, die Völker alle; die ganze
Welt erfreue sich und sing' mit grossem Schalle: dass du auf Erden Richter
bist, und läss'st die Sünd' nicht walten; dein Wort die Hut und Weide ist,
die Alle wird erhalten, in rechter Bahn zu wallen.

3. Es danke, Gott, und lobe dich das Volk in guten Thaten! Das Land
bring' Frucht und bessre sich; dein Wort lass wohl gerathen! Uns segne Vater,
Sohn und Geist, dass Gottes Reich sich mehre; sein heil'ger Name sei gepreist,
und ihm allein sei Ehre! Nun sprecht von Herzen: Amen! Luther (Martin).

Choral.

1. Lo - be den Her - ren, den mäch - ti - gen Kö - nig der
   lob' ihn, o See - le, ver - eint mit den himm - li - schen

Eh - ren;
Chö - ren! Kom - met zu Hauf; Psal - ter und Har - fe wacht

auf, las - set den Lob - ge - sang hö - - ren!

2. Lobe den Herren, der Alles so herrlich regieret; der dich auf Flügeln des Adlers so sicher geführet; der dich erhält unter den Stürmen der Welt; dank' es ihm innig gerühret.

3. Lobe den Herren, der künstlich und fein dich bereitet; der dir Gesundheit verliehen, dich freundlich geleitet. In wie viel Noth hat nicht der gnädige Gott über dir Flügel gebreitet!

4. Lobe den Herren, der deinen Stand sichtbar gesegnet; der aus dem Himmel mit Strömen der Liebe geregnet. Denke daran, was der Allmächtige kann, der dir mit Liebe begegnet!

5. Lobe den Herren und seinen hochheiligen Namen, lob' ihn mit Allen, die Leben und Odem bekamen! Er ist dein Licht; Seele, vergiss es ja nicht; schliesse mit fröhlichem Amen!
Neander (Joachim).

Choral.

1. Sei Lob und Ehr dem Höch-sten Gut, dem Va-ter
   dem Gott, der al - le Wun - der thut, dem Gott, der

al - ler Gü - te,   mit sei - nem rei - chen
mein Ge - mü - the

Trost er - füllt, dem Gott, der al - len Jam - mer

stillt: Gebt un - serm Gott die Eh - re!

2. Es danken dir die Himmelsheer'!
O Herrscher aller Thronen!
Und die auf Erden, Luft und Meer
In deinem Schatten wohnen,
Die preisen deine Schöpfermacht,
Die Alles, Alles wohlbedacht:
Gebt unserm Gott die Ehre:

3. Was unser Gott erschaffen hat,
Das will er auch erhalten;
Darüber will er früh und spat
Mit seiner Gnade walten.
In seinem ganzen Königreich
Ist Alles recht und Alles gleich:
Gebt unserm Gott die Ehre!

4. Ich rief zum Herrn in meiner Noth:
Ach Gott, vernimm mein Schreien!
Da half mein Helfer mir vom Tod,
Und liess mir Trost gedeihen;
Drum dank'ich Gott, drum dank'ich dir;
Ach danket, danket Gott mit mir!
Gebt unserm Gott die Ehre!

5. Der Herr ist nah', und nimmer nicht
Von seinem Volk geschieden;
Er bleibet ihre Zuversicht,
Ihr Segen, Heil und Frieden.
Mit Mutterhänden leitet er
Die Seinen stetig hin und her:
Gebt unserm Gott die Ehre!

6. Wenn Trost und Hülf' ermangeln muss,
Die alle Welt erzeiget,
So kommt, so hilft der Ueberfluss,
Der Schöpfer selbst, und neiget
Die Vateraugen denen zu,
Die sonsten nirgends finden Ruh':
Gebt unserm Gott die Ehre!

7. Ich will dich all mein Lebelang,
O Gott, von nun an ehren;
Man soll, o Gott, den Lobgesang
An allen Orten hören.
Mein ganzes Herz! ermuntre dich;
Mein Geist und Leib erfreue sich:
Gebt unserm Gott die Ehre!

8. Ihr, die ihr Christi Namen nennt,
Gebt unserm Gott die Ehre!
Ihr, die ihr Gottes Macht bekennt,
Gebt unserm Gott die Ehre!
Die falschen Götzen macht zu Spott;
Der Herr ist Gott, der Herr ist Gott!
Gebt unserm Gott die Ehre!

9. So kommet vor sein Angesicht,
Ihm jauchzend Dank zu bringen!
Bezahlet die gelobte Pflicht,
Und lasst uns fröhlich singen:
Gott hat es Alles wohl bedacht,
Und Alles, Alles recht gemacht:
Gebt unserm Gott die Ehre!

Schütz.

Choral.

1. Sollt' ich meinem Gott nicht singen? sollt' ich ihm nicht dankbar sein?
   Seh' ich doch in al - len Dingen, wie so gut er's mit mir mein'.

Ist doch nichts als lauter Lie - ben, das sein treu - es Herz be - wegt,

das ohn' En - de hebt und trägt, die in seinem Dienst sich ü - ben.

Al - les Ding währt sei - ne Zeit: Gottes Lieb' in E - wig - keit.

2. Wie ein Adler sein Gefieder über seine Jungen streckt: also hat auch immer wieder mich des Höchsten Arm bedeckt; mich geschützt mit Vatertreue, seit er mir mein Wesen gab und das Leben, das ich hab', und dess ich mich jetzt noch freue. Alles Ding währt seine Zeit: Gottes Lieb' in Ewigkeit.

3. Seinen Sohn, den Eingebornen, giebt er aus Erbarmen hin für mich Armen, mich Verlornen, zu des ew'gen Heils Gewinn. O du Gnade sonder Schranken, unerforschlich tiefes Meer: dich ergründen nimmermehr unsre Sinnen und Gedanken! Alles Ding währt seine Zeit: Gottes Lieb' in Ewigkeit!

4. Seinen Geist, den edlen Führer, giebt er mir in seinem Wort, dass er werde mein Regierer durch die Welt zur Himmelspfort'; dass er mir mein Herz erfülle mit dem hellen Glaubenslicht, das des Todes Macht zerbricht, und die Hölle selbst macht stille. Alles Ding währt seine Zeit: Gottes Lieb' in Ewigkeit.

5. Meiner Seelen Wohlergehen hat er ja recht wohl bedacht; will dem Leibe Noth zustehen, nimmt er's gleichfalls wohl in Acht; wenn mein Können, mein Vermögen nichts vermag, nichts helfen kann, kommt mein Gott, und hebet an seine Kraft mir beizulegen. Alles Ding währt seine Zeit: Gottes Lieb' in Ewigkeit.

6. Himmel, Erd' und ihre Heere hat er mir zum Dienst bestellt; wohin ich mein Auge kehre, find' ich, was mich nährt und hält. Alle Creatur auf Erden, in den Gründen, auf der Höh', in den Büschen, in der See, muss mir Lust und Freude werden. Alles Ding währt seine Zeit, Gottes Lieb' in Ewigkeit.

7. Wenn ich schlafe, wacht sein Sorgen und ermuntert mein Gemüth, dass ich alle liebe Morgen schaue neue Lieb' und Güt'. Wäre nicht mein Gott gewesen, über mir sein Angesicht, o fürwahr, so wär' ich nicht aus so mancher Angst genesen! Alles Ding währt seine Zeit: Gottes Lieb' in Ewigkeit.

8. Wie so manche schwere Plage wird von Land zu Land geführt, die mich doch mein Lebetage niemals noch bisher gerührt! Gottes Engel, den er sendet, hat das Böse, was der Feind anzurichten war gemeint, gnädig von mir abgewendet. Alles Ding währt seine Zeit: Gottes Lieb' in Ewigkeit.

9. Wie ein Vater seinem Kinde niemals ganz sein Herz entzeucht, ob es gleich, verführt zur Sünde, von dem rechten Pfade weicht: also hat auch mein Verbrechen Gott in Gnaden heimgesucht, will es nur mit Vaterzucht und nicht mit dem Schwerte rächen. Alles Ding währt seine Zeit: Gottes Lieb' in Ewigkeit.

10. Seine Strafen, seine Schläge, ob sie mir gleich bitter sind, dennoch, wenn ich's recht erwäge, treffen sie mich als sein Kind; zeugen, dass er mein gedenke, und mich von der schnöden Welt, die uns hart gefangen hält, durch die Trübsal zu ihm lenke. Alles Ding währt seine Zeit: Gottes Lieb' in Ewigkeit.

11. Diess will ich zu Herzen fassen, und auf diesem Troste stehn: Gott schickt alles Kreuz mit Maassen; Christentrübsal muss vergehn! Wenn der Winter ausgeschneiet, tritt der schöne Sommer ein: also wird auch nach der Pein, wer's erwarten kann, erfreuet. Alles Ding währt seine Zeit: Gottes Lieb' in Ewigkeit.

12. Weil denn weder Ziel noch Ende sich in Gottes Liebe find't; nun, so heb' ich meine Hände zu dir, Vater, als dein Kind; bitte: wollst mir Gnade geben, dich aus aller meiner Macht zu umfangen Tag und Nacht, hier in meinem ganzen Leben, bis ich dich nach dieser Zeit lob' und lieb' in Ewigkeit!

Gerhard (Paul).

284

Choral.

1. Nun lasst uns Gott dem Her - ren dank - sa - gen

und ihn eh - ren für al - le sei - ne Ga-

ben, die wir em - pfan - gen ha - ben.

2. Den Leib, die Seel', das Leben hat er allein gegeben; dieselben zu bewahren, will er kein Wohlthun sparen.

3. Er sorgt, dass Kraft dem Leibe und Trost der Seele bleibe; die von so tiefen Wunden in Krankheit er gefunden.

4. Ein Arzt ist uns gegeben, der selber ist das Leben: Christus, für uns gestorben, hat uns das Heil erworben.

5. Sein Wort, sein' Tauf', sein Nachtmahl stärkt uns in aller Trübsal. Der heil'ge Geist im Glauben lehrt uns darauf vertrauen.

6. Durch ihn ist uns vergeben die Schuld, geschenkt das Leben. Den Himmel soll'n wir haben: o Gott, wie grosse Gaben!

7. Wir bitten deine Güte, dass sie hinfort behüte die Grossen und die Kleinen. Verlass, o Vater, Keinen.

8. Erhalt' uns in der Wahrheit, gieb ewigliche Freiheit! zu preisen deinen Namen durch Jesum Christum, Amen. Helmbold.

Vertrauen auf Gott.

Choral.

1. Sollt' es gleich bis - wei - len schei - nen, als ver-
lie - sse Gott die Sei - nen; o so glaub' und
weiss ich diess: Gott hilft end - lich doch ge - wiss.

2. Hülfe, die er aufgeschoben, hat er drum nicht aufgehoben: hilft er nicht zu jeder Frist, hilft er doch, wenn's nöthig ist.

3. Wie nicht gleich die Väter geben, wornach ihre Kinder streben, so hält Gott auch Maass und Ziel; er giebt, wem und wann er will.

4. Seiner kann ich mich getrösten, wenn die Noth am allergrössten; er ist gegen mich, sein Kind, mehr als väterlich gesinnt.

5. Trotz dem, was mir Angst will machen! Gott vertrau' ich meine Sachen; trag' ich auch ein schweres Joch, Gott, mein Vater, lebet noch.

6. Trotz der Welt und allen denen, die nach meinem Fall sich sehnen, die mir sind ohn' Ursach' Feind! Gott im Himmel ist mein Freund.

7. Lass die Welt ihr Reich bestellen! will sie mir mein Urtheil fällen; o so frag' ich nichts darnach: Gott ist Richter meiner Sach'.

8. Will die Welt mich von sich treiben, muss mir doch der Himmel bleiben; steht mir dorthin Herz und Sinn, wird mir Alles zum Gewinn.

9. Ach Herr, wenn ich dich nur habe, wandl' ich ruhig hier am Grabe, sink' ich endlich selbst in's Grab; gn'ug, Herr, wenn ich dich nur hab'!

Titius.

Choral.

1. Al - les ist an Got - tes Se - gen und an sei - ner Gnad' ge - le - gen, ü - ber al - les Er - den - gut. Wer auf Gott sein' Hoffnung se - tzet, der be - hält ganz un - ver - le - tzet ei - nen frei - en Hel - den - muth.

2. Der mich hat bisher ernähret und mir manches Glück bescheret, ist und bleibet ewig mein; der mich wunderbar geführet, und noch leitet und regieret, wird hinfort mein Helfer sein.

3. Viel' bemühen sich um Sachen, die nur Sorg' und Unruh' machen, und ganz unbeständig sind: ich begehr' nach dem zu ringen, was mir wahre Ruh' kann bringen, und man bei der Welt nicht find't.

4. Hoffnung kann das Herz erquicken. Was ich wünsche, wird sich schicken, so es anders Gott gefällt. Meine Seele, Leib und Leben hab' ich seiner Gnad' ergeben, und ihm Alles heimgestellt.

5. Er weiss schon nach seinem Willen mein Verlangen zu erfüllen; es hat Alles seine Zeit. Ich hab' ihm nichts vorzuschreiben, wie Gott will, so muss es bleiben; wenn Gott will, bin ich bereit.

6. Soll ich länger allhier leben, will ich ihm nicht widerstreben, ich verlasse mich auf ihn. Ist doch nichts, das lang' bestehet; Alles Irdische vergehet, und fährt wie ein Strom dahin.   **Vom Jahre 1676.**

Choral.

Nach der Melodie: Schatz über alle Schätze etc.

1. Befiehl du deine Wege und was dein Herze kränkt der allertreusten Pflege dess, der den Himmel lenkt; der Wolken, Luft und Winden giebt Wege, Lauf und Bahn, der wird auch Wege finden, da dein Fuss gehen kann.

2. Dem Herrn musst du vertrauen, wenn dir's soll wohl ergehn; auf sein Werk musst du schauen, wenn dein Werk soll bestehn. Mit Sorgen und mit Grämen und mit selbsteigner Pein lässt Gott sich gar nichts nehmen, es muss erbeten sein.

3. Dein' ew'ge Treu' und Gnade, o Vater, weiss und sieht, was gut sei oder schade dem sterblichen Geblüt; und was du dann erlesen, das treibst du, starker Held, und bringst zu Stand und Wesen, was deinem Rath gefällt.

4. Weg' hast du allerwegen, an Mitteln fehlt dir's nicht; dein Thun ist lauter Segen, dein Gang ist lauter Licht; dein Werk kann Niemand hindern, dein' Arbeit darf nicht ruhn, wenn du, was deinen Kindern erspriesslich ist, willst thun.

5. Und ob gleich alle Teufel hier wollten widerstehn, so wird doch ohne Zweifel Gott nicht zurücke gehn. Was er sich vorgenommen und was er haben will, das muss doch endlich kommen zu seinem Zweck und Ziel.

6. Hoff', o du arme Seele, hoff', und sei unverzagt! Gott führt dich aus der Höhle, da dich der Kummer plagt; er wird dich ihr entrücken; erwarte nur der Zeit, so wirst du schon erblicken die Sonn' der schönsten Freud'.

7. Auf! Auf! gieb deinem Schmerze und Sorgen gute Nacht; lass fahren, was das Herze betrübt und traurig macht. Bist du doch nicht Regente, der Alles führen soll: Gott sitzt im Regimente, und führet Alles wohl.

8. Ihn, ihn lass thun und walten; er ist ein weiser Fürst, und wird sich so verhalten, dass du dich wundern wirst, wenn er, wie ihm gebühret, mit wunderbarem Rath das Werk hinausgeführet, das dich bekümmert hat.

9. Er wird zwar eine Weile mit seinem Trost verziehn, als hätt' an seinem Theile ein Andres er im Sinn; als wollt' er nicht dein Leben; und sollt'st du für und für in Angst und Nöthen schweben, so frag' er nichts nach dir.

10. Wird's aber sich befinden, dass du ihm treu verbleibst, so wird er dich entbinden, da du's am mindsten gläubst; er wird dein Herze lösen von der so schweren Last, die du zu keinem Bösen bisher getragen hast.

11. Wohl dir, du Kind der Treue, du hast und trägst davon mit Ruhm und Dankgeschreie den Sieg, die Ehrenkron'! Gott giebt dir selbst die Palmen in deine rechte Hand, und du singst Freudenpsalmen, dem, der dein Leid gewandt.

12. Mach' End', o Herr, mach' Ende mit aller unsrer Noth! stärk' unsre Füss' und Hände, und lass bis in den Tod uns allzeit deiner Pflege und Treu' empfohlen sein: so gehen unsre Wege gewiss zum Himmel ein.

                                                     Gerhard (Paul).

Choral.

1. Gieb dich zu-frie-den und sei stil - - le
In ihm ruht al - ler Freu - den Fül - - le;

in dem Got - te dei - nes Le - bens.
ohn' ihn mühst du dich ver - ge - bens. Er ist dein

Quell und dei - ne Son - ne; scheint täg - lich hell zu

dei - ner Won - ne. Gieb dich zu-frie - - den.

2. Der Gott des Trostes und der Gnaden liebt mit treuem Vaterherzen. Wo er steht, kann dir niemals schaden auch die Pein der grössten Schmerzen. Kreuz, Angst und Noth kann er bald wenden; ja, auch den Tod hat er in Händen. Gieb dich zufrieden.

3. Wie dir's und Andern oft ergehe, ist ihm wahrlich nicht verborgen. Er sieht und kennet aus der Höhe der betrübten Herzen Sorgen; er zählt all' unsre heissen Thränen; zu ihm hinauf dringt unser Sehnen. Gieb dich zufrieden.

4. Wenn auch kein Einz'ger mehr auf Erden, dessen Treu' du darfst vertrauen, alsdann will er dein Treuster werden und zu deinem Besten schauen. Er weiss dein Leid und heimlich grämen; er weiss auch Zeit, dir's zu benehmen. Gieb dich zufrieden.

5. Er hört die Seufzer deiner Seelen und des Herzens stilles Klagen; und was du Keinem darfst erzählen, magst du Gott gar kühnlich sagen. Er ist nicht fern, steht in der Mitten, hört bald und gern der Armen Bitten. Gieb dich zufrieden.

6. Lass dich dein Elend nicht bezwingen; halt' an Gott, so wirst du siegen. Ob alle Fluthen auf dich dringen, du wirst doch nicht unterliegen. Denn wenn du wirst zu hoch beschweret, hat Gott, dein Fürst, dich schon erhöret. Gieb dich zufrieden.

7. Was sorgst du für dein armes Leben, wie du's halten wollst und nähren? Der dir das Leben hat gegeben, wird auch Unterhalt bescheren. Er hat die Hand voll aller Gaben; genug, um Land und Meer zu laben! Gieb dich zufrieden.

8. Der allen Vögeln in den Wäldern ihr beschieden Körnlein weiset; der Schaf' und Rinder auf den Feldern alle Tage tränkt und speiset: der wird auch dich, den Ein'gen, nähren und väterlich dem Mangel wehren. Gieb dich zufrieden.

9. Sprich nicht: „Ich finde keine Wege; wo ich such', ist nichts zum Besten!" denn das ist Gottes Vaterpflege: helfen, wo die Noth am grössten. Wenn du und ich ihn nicht mehr spüren, so naht er sich, uns wohl zu führen. Gieb dich zufrieden.

10. Bleibt gleich die Hülfe dir zu lange, wird sie endlich dennoch kommen. Macht dir das Harren angst und bange, das auch dient zu deinem Frommen. Was langsam naht, fasst man gewisser, und was verzeucht, ist desto süsser! Gieb dich zufrieden.

11. Es kann und mag nicht anders werden, alle Menschen müssen leiden, was lebt und webet auf der Erden, kann die Trübsal nicht vermeiden. Wo ist ein Haus, das könnte sagen: ich weiss durchaus von keinen Plagen? Gieb dich zufrieden.

12. Es ist ein Ruhetag vorhanden: da wird unser Gott uns lösen; erretten uns aus unsern Banden, uns befrein von allem Bösen. Es kommt der Tod, von ihm gesendet, und alle Noth ist dann geendet. Gieb dich zufrieden.

13. Er wird uns bringen zu den Schaaren der Erwählten und Getreuen, die, hier in Friede hingefahren, sich auch dort in Frieden freuen; wo sie im Grund, der nie kann brechen, den ew'gen Mund selbst hören sprechen: Gieb dich zufrieden.

Gerhard (Paul).

Die Harfe. I.

Choral.

1. Ich weiss, mein Gott, dass all mein Thun und Werk in
dei - nem Wil - len ruhn, von dir kommt Glück und
Se - gen; was du re - gierst, das geht und
steht auf rech - ten gu - ten We - - gen.

2. Es steht in keines Menschen Macht, dass sein Rath werd' in's Werk gebracht und seines Gangs sich freue: des Höchsten Rath, der macht's allein, dass Menschenrath gedeihe.

3. Oft denkt der Mensch in seinem Muth, diess oder jenes sei ihm gut, und ist doch weit gefehlet; oft sieht er auch für schädlich an, was Gott doch selbst erwählet.

4. So fängt auch oft ein weiser Mann ein gutes Werk mit Freuden an, und bringt's doch nicht zu Stande; er baut ein Schloss und festes Haus, doch nur auf lauter Sande.

5. Wie Mancher ist in seinem Sinn schon über Berg' und Klippen hin, und eh' er sich's versiehet, so sinkt er um; es hat sein Fuss vergeblich sich bemühet.

6. Drum, Vater, sende mir das Licht, das sich von deinem Angesicht zu frommen Seelen neiget, und das der rechten Weisheit Kraft durch deine Kraft erzeuget.

7. Gieb mir Verstand aus deiner Höh', auf dass ich ja nicht ruh' und steh' auf meinem eignen Willen; sei du mein Freund und treuer Rath, was gut ist, zu erfüllen.

8. Gieb du mir ein, was recht und gut: was aber wählet Fleisch und Blut, dem steure, das verwehre; mein höchster Zweck, mein bestes Theil sei deine Lieb' und Ehre.

9. Ist's Werk von dir, so hilf zu Glück; ist's Menschenthun, so treib's zurück, und ändre meine Sinnen. Was du nicht wirkst, das pflegt von selbst in Kurzem zu zerrinnen.

10. Tritt du zu mir und mache leicht, was mir sonst fast unmöglich däucht, und bring' zu gutem Ende, was du selbst angefangen hast durch Weisheit deiner Hände.

11. Ist gleich der Anfang etwas schwer, und muss ich auch wie durch ein Meer von bittern Sorgen gehen: so treib' mich nur ohn' Unterlass zu beten und zu flehen.

12. Wer fleissig betet, dir vertraut, bleibt in der Noth, vor der ihm graut, der Tapferste von Allen; und jeder Stein, der ihn noch drückt, wird ihm vom Herzen fallen.

13. Der Weg zum Guten ist fast wild, mit Dorn und Hecken angefüllt; doch wer ihn freudig gehet, sieht endlich, Herr, durch deinen Geist, dass er am Ziele stehet.

14. Du bist mein Vater, ich dein Kind; was ich bei dir nicht hab' und find', hast du in voller Gnüge: so hilf nun, dass ich meinen Stand wohl halt' und herrlich siege.

15. Dein soll sein aller Ruhm und Ehr'; hilf, dass dein Thun ich mehr und mehr aus hocherfreuter Seele vor deinem Volk und aller Welt, so lang' ich leb, erzähle.

Gerhard (Paul).

Choral.

1. Wa - rum sollt' ich mich denn grä - men? hab' ich doch, Chri - stum noch; wer will mir den neh - men? wer will mir den Him - mel rau - ben, den mir schon Got - tes Sohn bei - ge - legt im Glau - ben?

2. Nackend lag ich auf dem Boden, da ich kam, da ich nahm meinen ersten Odem: nackend werd' ich auch hinziehen, wenn ich werd' von der Erd' als ein Schatten fliehen.

3. Gut und Blut, Leib, Seel' und Leben ist nicht mein, Gott allein ist es, der's gegeben. Will er's wieder zu sich kehren, nehm' er's hin! ich will ihn dennoch fröhlich ehren.

4. Schickt er mir ein Kreuz zu tragen, dringt herein Angst und Pein, sollt' ich drum verzagen? Der es schickt, der wird es wenden; er weiss wohl, wie er soll all mein Unglück enden!

5. Gott hat mich bei guten Tagen oft ergötzt; sollt' ich jetzt nicht auch etwas tragen? Fromm ist Gott, und straft gelinde; sein Gericht trennet nicht ihn von seinem Kinde.

6. Unverzagt und ohne Grauen soll ein Christ, wo er ist, stets sich lassen schauen. Wollt' ihn auch der Tod aufreiben, soll der Muth dennoch gut und fein stille bleiben.

7. Kann uns doch kein Tod nicht tödten, sondern reisst unsern Geist aus viel tausend Nöthen; schliesst das Thor der bittern Leiden, und macht Bahn, da man kann gehn zu Himmelsfreuden.

8. Allda will an wahren Schätzen ich mein Herz auf den Schmerz ewiglich ergötzen. Hier ist kein recht Gut zu finden; was die Welt in sich hält, muss im Nu verschwinden.

9. Was sind diese Lebensgüter? Eine Hand voller Sand, Kummer der Gemüther! Dort, dort sind die edlen Gaben, da mein Hirt, Christus, wird mich ohn' Ende laben.

10. Herr, mein Hirt, Brunn aller Freuden! du bist mein, ich bin dein, Niemand kann uns scheiden. Ich bin dein, weil du dein Leben und dein Blut mir zu gut in den Tod gegeben.

11. Du bist mein, weil ich dich fasse, und dich nicht, o mein Licht, aus dem Herzen lasse. Lass mich, lass mich hingelangen, da du mich, und ich dich, ewig werd' umfangen!   Gerhard (Paul).

Choral.

Nach voriger Melodie.

1. Warum willst du doch für morgen, banges Herz, dir zum Schmerz viel und ängstlich sorgen? Wozu dient dein täglich Grämen? Nur dazu, dir die Ruh' ohne Noth zu nehmen!

2. Gott hat dir geschenkt das Leben, Seel' und Leib; darum bleib ihm allein ergeben. Er wird ferner Alles schenken; trau' ihm fest, er verlässt nicht, die an ihn denken.

3. Frage nicht: was wird mich nähren? Gott wird dir Alles hier, was dir fehlt, gewähren. Frage nicht, wie wird mir's gehen? Solches hat Gottes Rath längst zuvor ersehen.

4. Nährt den Vogel in den Lüften nicht der Herr? weidet er nicht das Thier auf Triften? Kleidet er des Grases Blume nicht mit Pracht, seiner Macht, seiner Huld zum Ruhme?

5. Sollt' er wohl an dich nicht denken, den sein Ruf höher schuf? dir nicht Nahrung schenken? Lern' Vertrauen zu Gott fassen; Er wird dich sicherlich unversorgt nicht lassen.

6. Nur der Glaube fehlt auf Erden! Wär' er da, müsst uns ja, was uns noth ist, werden. Wer Gott kann im Glauben fassen, dem fehlt nicht Trost und Licht; Gott wird ihn nicht lassen.

7. Wer nach Gottes Reiche trachtet, immerfort auf sein Wort mit Gehorsam achtet, dem wird auch von Gott hienieden, was erfreut in der Zeit, gnädiglich beschieden.

8. Nun, mein Vater, ich befehle glaubensvoll, wie ich soll, dir so Leib, als Seele! Sorge du; dir halt' ich stille. Ich soll dein ewig sein. Es gescheh' dein Wille.

9. Meine Hoffnung lass nicht wanken; so will ich ewiglich dir mit Freuden danken. Lob und Preis sei deinem Namen! und dein Heil sei mein Theil hier und ewig! Amen.   Laurentii.

Choral.

1. Von Gott will ich nicht las - sen, denn er lässt nicht von mir;
führt mich auf rech - ter Stra - ssen, da ich sonst ir - ret hier.
Er reicht mir sei - ne Hand; am A - bend wie am Mor - gen kommt
er, mich zu ver - sor - gen, an je - dem Ort und Stand.

2. Wenn sich der Menschen Herzen von mir hinweg gewandt, wird Trost in meinen Schmerzen von ihm mir zugesandt; er hilft aus aller Noth, erlöst von Sünd' und Schanden, von Ketten und von Banden, und wenn's auch wär' der Tod.

3. Auf ihn will ich vertrauen auch in der schwersten Zeit; er lässt sein Heil mich schauen und wendet alles Leid: ihm sei es heimgestellt. Leib, Seele, Gut und Leben hab' ich ihm übergeben; er mach's, wie's im gefällt.

4. Es kann ihm nichts gefallen, denn was mir nützlich ist; gut meint er's mit uns Allen; er gab uns Jesum Christ. In ihm, dem ein'gen Sohn, wird reichlich uns bescheret, was ew'ges Heil gewähret. Lobt ihn in's Himmels Thron!

5. Lobt ihn mit Herz und Munde, das er uns beides schenkt. Welch eine sel'ge Stunde, darin man sein gedenkt! sonst flieht umsonst die Zeit, die uns verliehn auf Erden; wir sollen selig werden in alle Ewigkeit.

6. Darum, ob ich schon dulde viel Widerwärtigkeit, wie ich auch wohl verschulde, kommt doch die Ewigkeit; ist aller Freuden voll; wo mir und allen Frommen, die Christum aufgenommen, Heil widerfahren soll.

7. Das ist des Vaters Wille, der uns geschaffen hat; das ist des Sohnes Wille, der uns erlöset hat; drum will er durch den Geist im Glauben uns regieren, zum Reich des Himmels führen, wo man ihn ewig preist.

Helmbold.

Choral.

1. Was mein Gott will, ge-scheh' all-zeit, sein Will' ist
   zu hel-fen dem ist er be-reit, der an ihn
   stets der be-ste;
   glau-bet fe-ste;
   er hilft aus Noth, der fromme
   Gott, und züch-ti-get mit Maa-ssen. Wer Gott ver-
   traut, fest auf ihn baut, den will er nicht ver-las-sen.

2. Gott ist mein Trost, auf dem ich steh', mein' Hoffnung und mein
Leben; was mein Gott will, dass mir gescheh', will ich nicht widerstreben.
Sein Wort ist wahr, dass all mein Haar er selber hat gezählet; er sorgt und
wacht, hält uns in Acht, auf dass uns ja nichts fehlet.

3. Und muss ich scheiden aus der Welt, nun so gescheh' sein Wille; ich
geh' zu Gott: wenn's ihm gefällt, will ich ihm halten stille. Dir, Gott, befehl'
ich meine Seel' in meinen letzten Stunden; durch Christi Tod wird alle Noth
im Glauben überwunden.

Albrecht, Markgraf von Brandenburg.

Choral.

1. { Wer Gott ver-traut, hat wohl ge-baut im Him-mel
   { wer sich ver-lässt auf Je - sum Christ, dem muss der

und auf Er - den;)
Him-mel wer - den;) Da-rum auf dich all' Hoffnung

ich ganz un-ver-rückt will se - - - tzen. Herr Je-su

Christ; mein Trost du bist in To-des-noth und Schmer - zen.

2. Und wenn's gleich wär' dem Teufel sehr und aller Welt zuwider:
dennoch so bist du, Jesus Christ, der sie all' schlägt darnieder; und wenn ich
dich nur hab' um mich mit deinem Geist und Gnaden: so kann fürwahr mir
ganz und gar nicht Tod noch Teufel schaden.

3. Dein tröst' ich mich ganz sicherlich; denn du kannst mir wohl geben,
was mir ist noth, du treuer Gott, für diess und jenes Leben. Gieb wahre Reu'
mein Herz erneu'; errette Leib und Seele! Ach, höre, Herr, diess mein Begehr:
dass meine Bitt' nicht fehle!   Magdeburg.

Choral.

1. Wer nur den lie - ben Gott lässt wal - ten und
   den wird er wun - der - bar er - hal - ten in

   hof - fet auf ihn al - le - zeit,
   al - ler Noth und Trau - rig - keit;
   wer Gott, dem Al - ler-

   höch - sten, traut, der hat auf kei - nen Sand ge - baut.

2. Was helfen uns die schweren Sorgen? was hilft uns unser Weh und Ach? was hilft es, dass wir alle Morgen beseufzen unser Ungemach? Wir machen unser Kreuz und Leid nur grösser durch die Traurigkeit.

3. Man halte nur ein wenig stille und sei doch in sich selbst vergnügt, wie unsers Gottes Gnadenwille und seiner Weisheit Rath es fügt; Gott, der uns ihm hat auserwählt, der weiss auch sehr wohl, was uns fehlt.

4. Er kennt die rechten Freudenstunden, er weiss wohl, wann es nützlich sei; wenn er uns nur hat treu erfunden, aufrichtig, ohne Heuchelei, so kommt Gott, eh' wir's uns versehn und lässet uns viel Gut's geschehn.

5. Denk nicht in deiner Drangsalshitze, dass du von Gott verlassen seist, und dass der Gott im Schoosse sitze, den alle Welt für glücklich preist; die Folgezeit verändert viel und setzet Jeglichem sein Ziel.

6. Es sind ja Gott geringe Sachen und ihm, dem Höchsten, ist es gleich, den Reichen klein und arm zu machen, den Armen aber gross und reich; Gott ist der Herr, der Jedermann bald stürzen, bald erhöhen kann.

7. Sing, bet' und geh auf Gottes Wegen, verricht' das Deine nur getreu, und trau' des Himmels reichem Segen, so wird er bei dir werden neu; denn wer nur seine Zuversicht auf Gott setzt, den verlässt er nicht. Neumark.

Chor.

Für Männerstimmen.

Langsam, bittend.   W. Greef.

Ver - lass mich nicht, o du zu dem ich fle - he! mein

Au - ge blickt zu dei - ner heil - gen Hö - he,

dir traut mein Herz mit Kin - des - zu - ver - sicht. Ver-

lass mich nicht, ver - lass mich nicht!

Lied.

Für Männerstimmen.

Mel.: Es ist bestimmt in Gottes Rath etc.

F. Mend.-Bartholdy.

1. Es ge - het stets nach Got - tes Rath, wenn oft auch auf dem

Glaubens - pfad mit Thrä - nen, mit Thrä - nen! Was

zagst du denn, du ar - mes Herz, dein Heiland kennt ja deinen Schmerz, dein

Seh - nen, dein Seh - nen, dein Seh - nen!

2. „Nach kurzem Kampf zur Herrlich-keit!" Das Land der Ruh', das ist nicht weit, dein Jo-su-a führt dich hin-ein, bald wirst du, bald bei Je-su sein, bei Je-su sein, bei Je-su sein, bei Je-su sein!

F. Jochimsen.

Choral.

1. { Ein' fe - ste Burg ist un - ser Gott, ein' gu - te
     er hilft uns frei aus al - ler Noth, die uns jetzt

Wehr und Waf - fen:)
hat be - trof - fen:) Der al - te bö - se Feind mit

Ernst er's jetzt meint; gross' Macht und viel List sein'

grausam' Rüstung ist; auf Erd' ist nichts sein's Glei - chen.

2. Mit unsrer Macht ist nichts gethan, wir sind gar bald verloren; es streit't für uns der rechte Mann, den Gott selbst hat erkoren. Fragst du, wer er ist? Er heisst Jesus Christ, der Herre Zebaoth, und ist kein ander Gott; das Feld muss er behalten.

3. Und wenn die Welt voll Teufel wär' und wollt' uns gar verschlingen, so fürchten wir uns nicht so sehr; es soll uns doch gelingen. Der Fürst dieser Welt, wie sau'r er sich stellt, thut er uns doch nicht: das macht, er ist gericht't, ein Wörtlein kann ihn fällen.

4. Das Wort sie sollen lassen stahn, und kein'n Dank dazu haben: er ist bei uns wohl auf dem Plan mit seinem Geist und Gaben. Nehmen sie uns den Leib, Gut, Ehr', Kind und Weib: lass fahren dahin! sie haben's kein Gewinn: das Reich muss uns doch bleiben.

Luther (Martin).

Die Harfe. I.   21

Vom christlichen Sinn.

Choral.

1. Hier legt mein Sinn sich vor dir nie - der,

mein Geist sucht sei - nen Ur - sprung wie - der.

Herr, dein er - freu - end An - ge - sicht ver-

birg vor mei - ner Ar - muth nicht!

2. Ich fühl', o Heil'ger, mein Verder-
ben:
Gieb Muth, der Sünde abzusterben!
O möcht' in Jesu Todespein
Die Eigenlieb' ertödtet sein!

3. Ich fühle wohl, dass ich dich liebe
Und mich in deinen Wegen übe;
Und doch ist von Unlauterkeit
Die Liebe noch nicht ganz befreit.

4. Ich muss noch mehr auf dieser Er-
den
Durch deinen Geist geheiligt wer-
den;
Mein Herz muss näher zu dir gehn,
Mein Sinn muss unbeweglich stehn!

5. Ich weiss mir zwar nicht selbst zu
rathen,
Prüf' ich die Quelle meiner Thaten:
Wer macht sein Herz wohl selber rein!
Es muss durch dich gereinigt sein.

6. Doch kenn' ich wohl dein treues
Lieben:
Du bist noch immer treu geblieben;
Ich weiss gewiss, du stehst mir bei,
Und machst mich von mir selber frei.

7. Indessen will ich treulich kämpfen,
Und stets die falsche Regung dämpfen,
Bis du ersiehest deine Zeit
Und gibst mir Frieden nach dem Streit.

8. In Hoffnung kann ich fröhlich sagen:
Der Sieg ist mein, der Feind geschla-
gen;
Gott führt mich aus dem Kampf und
Streit
In seine Ruh' und Sicherheit.

9. So wächst der Eifer mir im Streite,
So schmeck' ich schon des Sieges
Beute,
Und fühle, dass es Wahrheit ist,
Dass du, mein Gott, die Liebe bist.

Richter.

Choral.

Nach der Melodie: Mach's mit mir, Gott etc.

1. Wer Gottes Wort nicht hält u. spricht:
Ich kenne Gott — der lüget;
In solchem ist die Wahrheit nicht,
Die durch den Glauben sieget.
Wer aber sein Wort glaubt und hält,
Der ist von Gott, nicht von der Welt.

2. Der Glaube, den sein Wort erzeugt,
Muss auch die Lieb' erzeugen.
Je höher dein' Erkenntniss steigt,
Je mehr soll diese steigen.
Der Glaub' erleuchtet nicht allein,
Er stärkt das Herz und macht es rein.

3. Durch Jesum rein von Missethat,
Sind wir nun Gottes Kinder;
Wer solche Hoffnung zu ihm hat,
Der flieht den Rath der Sünder,
Folgt Christi Vorbild als ein Christ,
Und reinigt sich, wie Er rein ist.

4. Alsdann thu' ich, was Gott gefällt,
Wenn ich Gehorsam übe;
Wer die Gebote Gottes hält,
In dem ist Gottes Liebe.
Ein täglich thät'ges Christenthum,
Das ist des Glaubens Frucht und Ruhm.

5. Der bleibt in Gott, und Gott in ihm,
Wer in der Liebe bleibet.
Die Lieb' ist's, welche Cherubim
Gott zu gehorchen treibet.
Gott ist die Lieb'; an seinem Heil
Hat ohne Liebe Niemand Theil.

Gellert.

Von der christlichen Gemeinschaft.

Choral.

C. F. Becker.

1. In dei - ner Lie - be, Gott, nicht zu er - kal - ten,
will ich mich stets zu dei - nen Freunden hal - ten;
o mö - ge doch mein Herz, vereint mit ih - nen, dir freudig die - nen!

2. Ein reger Trieb zur Heiligung verbinde uns in dem Kampfe wider Welt und Sünde, dass Keiner der Versuchung unterliege, dass Jeder siege.

3. Lass ihren Fleiss in allen guten Werken auch meinen Fleiss und meinen Eifer stärken, um nicht, wenn sie dein Werk mit Freuden treiben, zurück zu bleiben.

4. Lass mich mit Ernst den Rath der Weisen hören; gieb, dass sie gern und freundlich mich belehren, und brauch' ich Trost, mich, ihren Miterlösten, als Freunde trösten.

5. Gieb, dass sie warnend mir zur Seite gehen, und fall' ich, bald mir helfen aufzustehen; dass deine Bahn mit neuem Muth ich walle, und nicht mehr falle.

6. Sind wir nicht darum Eines Leibes Glieder, nicht Alle deine Kinder, Alle Brüder, dass wir, um einzugehn zu Einem Frieden, die Hand uns bieten?

7. O, darum lass, die du gefügt zusammen, einander stets zur Heiligung entflammen, dass Alle fröhlich im vereinten Ringen zum Himmel dringen.

Cramer.

Choral.

Nach der Melodie: Nun komm, der Heiden Heiland etc.

1. Sonne der Gerechtigkeit, leuchte hell zu unsrer Zeit! Zünd' ein heilig Feuer an, dass dein Volk sich freuen kann!

2. Jesu! unser Haupt allein, mach' uns All', im Glauben rein, durch dein Evangelium Eines Herzens, dir zum Ruhm!

3. Sammle, du getreuer Hirt, Alles, was sich hat verirrt; pflanz' den Geist der Lieb' uns ein, lass uns ganz vereinigt sein.

4. Bind' zusammen Herz und Herz, unverrückt in Freud' und Schmerz. Eines Sinnes allezeit, eins mit dir, in Ewigkeit!

Choral.

Mel.: Jesu komm doch selbst etc. Filitz.

1. Sieh! wie lieb-lich und wie fein ist's, wenn

Brü-der fried-lich sein, wenn ihr Thun ein-träch-tig

ist, oh-ne Falsch-heit, Trug und List.

2. Sonne der Gerechtigkeit,
Gehe auf zu unsrer Zeit,
Brich in deiner Kirche an,
Dass die Welt es sehen kann.

3. Jesu, Haupt der Kreuzgemein,
Mach uns alle, gross und klein,
Durch dein Evangelium
Ganz zu deinem Eigenthum.

4. Sammle, grosser Menschenhirt,
Alles was sich hat verirrt,
Lass in deiner Gnade Schein
Alles ganz vereinigt sein.

5. Bind zusammen Herz und Herz,
Lass uns trennen keinen Schmerz;
Knüpfe selbst durch deine Hand
Das geweihte Brüderband.

Michael Müller.

Trauungslieder.

Choral.

Mel.: Kommt, Menschenkinder, rühmt und preisst etc.

1. Gott Schöpfer, Stif-ter heil'ger Eh', schau' auf diess Paar aus dei-ner Höh', das vor dir steht u. seinen Bund hier schliesst vor dir mit Herz und Mund.

2. Mit Gnade schau' auf sie herab, lass sie zusammen bis in's Grab in Lieb' und Treue einig sein und deiner Furcht ihr Leben weihn.

3. Lass sie einander inniglich stets lieben, doch nie mehr als dich; von Untreu' fern, im Herzen rein, auch keusch in Wort und Thaten sein.

4. Zusammen lass sie dir vertrauu, zusammen ihre Seel' erbaun, zusammen deine Hülf' erflehn, zusammen auch dein Lob erhöhn.

5. Was ihnen ihr Beruf gebeut, das lass sie thun mit Freudigkeit; und so geling' ihr frommer Fleiss zu ihrem Wohl und deinem Preis.

6. Und wenn des Lebens Last und Müh' auch sie beschwert, so tröste sie; ein Jedes trage still und gern des Andern Last, von Unmuth fern.

7. Wenn Kreuz, nach deinem Rath, sie drückt, lass sie darin nicht unerquickt; gieb heitre Tage nach dem Leid und segn' es für die Ewigkeit.

8. Und trennet einst der Tod ihr Band, so sei ihr Trost, dass deine Hand die, welche hier sich treu geliebt, einander ewig wiedergiebt.   Schlegel.

Choral.

Nach der Melodie: Lobt Gott, ihr Christen etc.

1. Auf euch wird Gottes Segen ruhn; er hat ihn euch gewährt! Geht hin und macht durch frommes Thun euch dieses Segens werth.

2. Ihm heiligt nun Beruf und Stand, ihm heiligt euer Herz, und folgt der Leitung seiner Hand durch Freuden und durch Schmerz;

3. Bis ihr den Lauf der Pilgerzeit nach Gottes Willen schliesst, und in des Himmels Herrlichkeit der Treue Lohn geniesst.

Von der Eltern-Pflicht.

Choral.

1. Gross ist, ihr Eltern, eure Pflicht.
Verzärtelt eure Kinder nicht,
Gewöhnt sie in der Kindheit Zeit
Zu nützlicher Geschäftigkeit.

2. Wohl euch, wenn Keines je vergisst,
Was aller Weisheit Anfang ist,
Dass Liebe gegen Gott und Scheu
Vor ihm die beste Klugheit sei.

3. Lehrt sie, wenn ihr Verstand erwacht,
Gott kennen, seine Lieb' und Macht,
Lehrt sie auf seine Werke sehn,
Und, was sie lernen, auch verstehn.

4. Besorgt für ihren Leib, und mehr
Für ihren Geist, schaut stets umher,
Was ihrer Unschuld schaden kann,
Und führt sie früh zur Tugend an.

5. Erstickt durch Unterricht und Zucht
Der ersten Sünden Keim und Frucht,
Damit sie Gottes Ebenbild
Früh werden, liebreich, sanft und mild.

6. Gedenkt, dass Kinder leicht verstehn,
Wenn sie auf euren Wandel sehn,
Was gut, was bös' ist; leicht gerührt
Von dem, wozu ihr sie verführt.

7. Rühmt, denn ihr Herz ist schwach
und weich,
Rühmt doch vor ihren Ohren euch
Der Uebertretung eurer Pflicht
In eurer frühen Jugend nicht.

8. Muthwillen nennt nie Witz, nie preist
Des Knabens schadenfrohen Geist
Als Munterkeit, ein trüglich Herz,
Und Lügen nie als Spiel und Scherz.

9. Erweckt des Guten schnell Gefühl
In ihren Herzen; euer Ziel
Sei nicht bloss Anstand vor der Welt,
Sei Liebe dess, was Gott gefällt.

10. Gewöhnt sie an der Tugend Müh',
An Ernst, an Fleiss und lehret sie:
Dass Arbeit keine Sklaverei,
Dass sie das Glück des Menschen sei.

11. So nehmt euch ihrer Seelen an.
Gott richtet einst und fordert dann,
Wenn ihr nicht, was ihr thun sollt, thut,
Von eurer Hand der Kinder Blut.

12. Erwägts, und fürchtet sein Gericht,
Um auch vor seinem Angesicht
Euch ewig ihrer zu erfreun:
Denn sie sind sein Geschenk und sein.

Des Christen Wachen u. Kämpfen.

Choral.

1. Ringe recht, wenn Gottes Gna-de sich erbarmend zu dir kehrt,

dass dein Geist sich ganz ent - la - de von der Last, die ihn beschwert

2. Ringe, denn die Pfort' ist enge und der Lebensweg ist schmal; gross ist der Berufnen Menge, klein der Auserwählten Zahl.

3. Kämpfe bis auf's Blut und Leben, dring' hinein in Gottes Reich; will der Feind dir widerstreben, werde weder matt, noch weich.

4. Ringe, dass dein Eifer glühe, und dein Herz für Gott entbrannt, ganz sich dieser Welt entziehe; halbe Liebe hält nicht Stand.

5. Ringe mit Gebet und Flehen, halte damit feurig an; bleib im Geist inbrünstig stehen vor dem Herrn, der segnen kann.

6. Hast du nun die Perl' errungen, denke nicht, nun ist's gethan; Alles ist noch nicht bezwungen, was der Seele schaden kann.

7. Wache drum, und schaff' mit Sorgen deiner Seelen Seeligkeit; ist auch die Gefahr verborgen, sie umgiebt dich allezeit.

8. Halte deine Krone feste, halte männlich, was du hast! recht beharren ist das Beste; Rückfall bringt nur grössre Last.

9. Lass dem Fleische nicht den Willen, gieb der Lust den Zügel nicht. Willst du die Begierden stillen, so verlöscht des Geistes Licht.

10. Wahre Treu' liebt Christi Wege, steht beherzt auf ihrer Hut, suchet Ruhe nicht die Pflege, hält sich selber nichts zu gut.

11. Wahre Treu' kommt dem Getümmel eitler Sinnenlust nicht nah'. Droben ist ihr Schatz, im Himmel: darum ist ihr Herz auch da.

12. Wahre Treu' führt mit der Sünde bis in's Grab beständig Krieg; sorgt nur, wie sie überwinde, kämpft, bis sie erlangt den Sieg.

13. Drum wohlauf, ihr tapfern Streiter! kämpfet recht und macht euch Bahn! Geht auf Christi Wegen weiter; dringet täglich himmelan!

14. Eilet! zählet Tag' und Stunden, bis der Heiland euch erscheint und, wenn ihr dann überwunden, ewig sich mit euch vereint!   Winkler.

Trost unter Trübsal.

Choral.

1. Auf meinen lie - ben Gott trau' ich in Angst und Noth; er kann mich all - zeit ret - ten aus Trüb - sal, Angst und Nö - then; mein Unglück kann er wen - den: es liegt in sei - nen Hän - den.

2. Ob mich mein Herz verklagt, werd' ich doch nicht verzagt; auf Christum will ich bauen und ihm allein vertrauen; ihm will ich mich ergeben im Tode wie im Leben.

3. Nimmt auch der Tod mich hin, ist Sterben mein Gewinn, und Christus ist mein Leben, dem hab' ich mich ergeben. Ich sterb' heut' oder morgen, die Seel' wird Gott versorgen.

4. O mein Herr Jesu Christ, der du geduldig bist für mich am Kreuz gestorben: du hast das Heil erworben mir und den Deinen Allen, nach Gottes Wohlgefallen.

5. Amen! aus Herzensgrund sprech' ich zu aller Stund'. Du wollst, Herr Christ, uns leiten, uns stärken, vollbereiten, auf dass wir deinen Namen ohn' Ende preisen, Amen!   Weingärtner.

Choral.

Mel.. Singen wir aus Herzens etc.

1. Auf den Ne - bel folgt die Sonn', auf das

Trau - ern Freud' und Wonn'; auf die schwe - re,

bit - tre Pein stellt sich Trost und Lab - sal ein.

Mei - ne See - le, die zu - vor sich in finst - re

Nacht ver - lor, dringt zum Lich - te jetzt em - por.

2. Gott lässt Keinen traurig stehn,
Noch im Elend ganz vergehn,
Der sich ihm zu eigen schenkt
Und sein Herz in ihn versenkt.
Wer auf Gott sein Hoffen setzt,
Der gewinnet doch zuletzt,
Was ihm Leib und Seel' ergötzt.

3. Ach, wie oft gedacht' ich doch,
Als das schwere Trübsalsjoch
Hart auf meinen Schultern lag,
Manche Nacht und manchen Tag:
Nun ist alle Hoffnung hin,
Nichts erfreut mehr meinen Sinn;
Nur der Tod ist mein Gewinn!

4. Aber Gott erbarmte sich,
Heilt' und hielt mich väterlich,
Dass ich, was sein Herz gethan,
Nie genugsam preisen kann.
Als ich weder hier noch da
Einen Weg zur Rettung sah,
War mir seine Hülfe nah'.

5. Nun, so lang' es Gott gefällt,
Dass ich leb' in dieser Welt,
Soll mir dieser Wunderschein
Stets vor meinen Augen sein.
Ich will all mein Lebelang
Meinem Gott mit Lobgesang
Dafür bringen Preis und Dank.

6. Ich will gehn in Angst und Noth,
Ich will gehn bis in den Tod,
Ich will gehn in's Grab hinein,
Und doch allzeit fröhlich sein.
Wem der Stärkste bei will stehn,
Wen der Höchste will erhöhn,
Der kann nicht zu Grunde gehn!

Gerhard (Paul).

Choral.

1. Gott le - bet noch! See - le, was ver - zagst du doch?

Gott ist gut, der aus Er - bar - men al - le Hülf' auf

Er - den thut; der mit Kraft und star - ken Ar - men machet

al - les wohl und gut. Gott kann bes - ser, als wir den - ken,

al - le Noth zum Be - sten len - ken. See - le, so be -

den - ke doch: Gott, dein Hel - fer, le - bet noch.

2. Gott lebet noch! Seele, was verzagst du doch? Sollt' er schlummern oder schlafen, der das Aug' hat zugericht? der das Ohr uns hat erschaffen, sollte dieser hören nicht? Gott ist Gott, der hört und siehet, wenn den Frommen Weh geschiehet. Dr ist heut' und allezeit ihnen nah', und immer weit.

3. Gott lebet noch! Seele, was verzagst du doch? Bist du schwer mit Kreuz beladen? Nimm zu Gott nur deinen Lauf! Gott ist gross, und reich an Gnaden; hilft den Schwachen mächtig auf. Sein Erbarmen währet immer, seine Treu' vergehet nimmer. Im Vertraun halt' dich bereit; er nur weiss die rechte Zeit.

4. Gott lebet noch! Seele, was verzagst du doch? Wenn dich deine Sünden kränken, manch' Vergehen quält dich schwer: komm zu Gott! er wird versenken deine Sünden in das Meer. Nur verlass die vor'gen Pfade, suche reuig seine Gnade: sie giebt Trost in Seelennoth; Gott will nicht des Sünders Tod.

5. Gott lebet noch! Seele, was verzagst du doch? Will dich alle Welt verlassen, weisst du weder aus noch ein; dann wird dich dein Gott umfassen und im Leiden bei dir sein. Gott ist's, der es herzlich meinet, wenn die Noth am grössten scheinet; auch in trüber Einsamkeit schmeckt man seine Freundlichkeit.

6. Gott lebet noch! Seele, was verzagst du doch! Musst du schon mit Mühe wallen auf der rauhen Dornenbahn: es ist Gottes Wohlgefallen, dich zu führen himmelan. Gott wird nach dem treuen Leben Friede, Freud' und Wonne geben; und das Leiden dieser Zeit ist nicht werth der Herrlichkeit. Zihn.

Choral.

Mel.: Nicht so traurig etc.

1. { Wa - rum trau - erst du so sehr, mei - ne Seel', und
   { dass dir Gott an Gut und Ehr' nicht so viel als

bist be - trübt, } Sei ver - gnügt in dei - nem
An - dern giebt? }

Gott; hast du Gott, so hat's nicht Noth.

2. Was hast du, o Menschenkind, für ein Recht in dieser Welt? Alle, die geboren sind, sind nur Gäst' in fremdem Zelt: Gott ist Herr in seinem Haus; wie er will, so theilt er aus.

3. Bist du doch darum nicht hier, dass du habest Erdenglück! Schau' den Himmel über dir: dahin richte deinen Blick; da ist Ehre, da ist Freud', Freud' ohn' End', Ehr' ohne Neid.

4. Der ist thöricht, der sich kränkt um ein wenig Eitelkeit, wenn ihm Gott dagegen schenkt Schätze der Beständigkeit. Bleibt das Wesen dein Gewinn, fahr' der Schatten immer hin!

5. Schaue doch die Güter an, die dein Herz für Güter hält, ob wohl eins dir folgen kann, wenn du gehest aus der Welt. Alles bleibet hinter dir, trittst du in des Grabes Thür.

6. Aber was die Seele nährt, Gottes Huld und Christi Blut, wird von keiner Zeit verzehrt, ist und bleibt ein edles Gut. Erdengut zerfällt und bricht: Himmelsgüter schwinden nicht.

7. Gott ist deiner Liebe voll und von ganzem Herzen treu, wenn du wünschest, prüft er wohl, wie dein Wunsch beschaffen sei. Ist dir's gut, so geht er's ein; ist's dein Schade, spricht er nein!

8. Nun, so richte dich empor, o betrübtes Angesicht! lass das Seufzen, tritt hervor an des Glaubens Freudenlicht; an das Licht, das deine Nacht dir zum hellen Tage macht.

9. Setze, als ein Himmelssohn, deinem Willen Maass und Ziel; rühre stets vor Gottes Thron deines Dankes Saitenspiel; weil dir schon gegeben ist viel mehr, als du würdig bist.

10. Führe deinen Lebenslauf deines Gottes eingedenk! Wie er's giebt, so nimm es auf, als ein wohlbedacht Geschenk: geht dir's widrig, lass es gehn! Gott und Himmel bleibt dir stehn.

Gerhard (Paul).

Choral.

Nach der Melodie: Jesus, meine Zuversicht etc.

1. Säe deine Thränensaat, frommer Dulder, hier im Glauben! wandle still den dunkeln Pfad, lass dir Gottes Trost nicht rauben, bis einst nach der Dunkelheit dich ein hell'res Licht erfreut.

2. Ausgerungen haben schon Viele, die im Glauben litten; beten an vor Gottes Thron; ihre Kron' ist nun erstritten. Und auch du sollst Sieger sein, sollst dich deiner Krone freun.

3. Weislich hat des Vaters Hand manches Kreuz dir aufgeleget: doch er stärkt im Thränenland auch den Pilger, der es träget. Und er legt das Kreuz auf ihn, ihn zum Himmel zu erziehn.

4. Trage mit Geduld und Muth deine Last in trüben Tagen; kämpfe glaubend bis auf's Blut: Wohlthat ist's, das Kreuz zu tragen. Denk', auf wem das Schwerste lag; folge deinem Heiland nach.

5. Lern' im Kreuz Gelassenheit, Unterwerfung und Vertrauen. Einst am Schluss der Prüfungszeit wirst du froh zurücke schauen auf den Weg, der durch die Nacht dich in's Land des Lichts gebracht.

6. O dann fliesset ihr nicht mehr, Thränen, die dem Aug' entflossen! Wie ein Strom von oben her wird dir Trost in's Herz gegossen; Trost vom Quell der Seligkeit, überwiegend alles Leid.

7. Harre, Dulder, unverzagt; harr' in langer Nächte Grauen! Lerne, bis der Morgen tagt, ruhig nach dem Aufgang schauen, wo du wirst die Sieger sehn, die vor Gottes Throne stehn.

8. O, dann schwindet alles Leid, wie die Nebel vor der Sonne. Vor dir liegt die Ewigkeit und das heitre Land der Wonne. Ohne Thränen gehst du ein, ewig selig da zu sein.

Meister.

Choral.

Mel.: Du klagst und fühlest etc.

1. Wer ein-sam sitzt in sei-ner Kam-mer, und schwe-re, bitt-re Thrä-nen weint; wem nur ge-färbt von Noth und Jam-mer die wei-te Welt um-her er-scheint;

2. Wer in das Bild vergangner Zeiten wie tief in einen Abgrund sieht, in welchen ihn von allen Seiten ein tiefes Weh hinunterzieht; —

3. Die Zukunft liegt in öder Dürre entsetzlich lang' und bang' vor ihm; er schweift umher allein und irre, und sucht sich selbst mit Ungestüm.

4. Ich fall' ihm weinend in die Arme: auch mir war einst, wie dir, zu Muth; doch ich genas von meinem Harme und weiss nun, wo man ewig ruht!

5. Dich muss, wie mich, ein Wesen trösten, das innig liebte, litt, und starb; das selbst für die, die ihm am wehsten gethan, mit tausend Freuden starb.

6. Er starb, und dennoch alle Tage vernimmst du seine Lieb' und ihn, und kannst getrost in jeder Lage ihn zärtlich in die Arme ziehn.

7. Mit ihm kommt neues Blut und Leben in dein erstorbenes Gebein; und wenn du ihm dein Herz gegeben, so ist auch seines ewig dein.

8. Was du verlorst, hat er gefunden; du triffst bei ihm, was du geliebt; und ewig bleibt mit dir verbunden, was seine Hand dir wieder giebt.

Novalis (v. Hardenberg).

Von der Vorbereitung auf den Tod.

Choral.

Mel.: Ich hab' mein Sach' Gott heim gestellt.

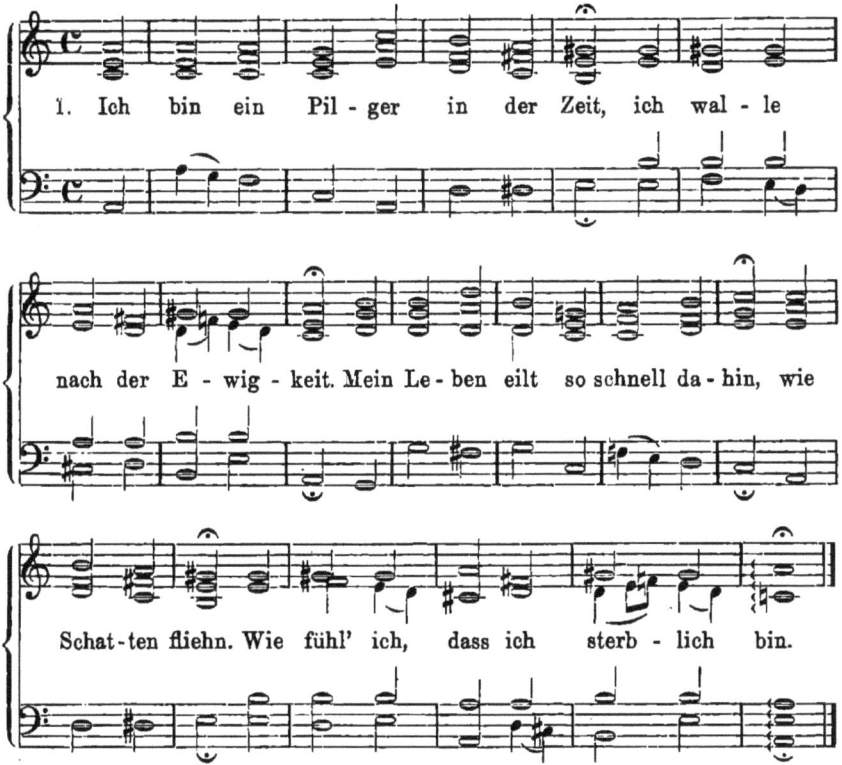

1. Ich bin ein Pil - ger in der Zeit, ich wal - le nach der E - wig - keit. Mein Le - ben eilt so schnell da - hin, wie Schat - ten fliehn. Wie fühl' ich, dass ich sterb - lich bin.

2. Vor dir, du Vater alles Lichts, bin ich, sind alle Menschen nichts. Mein Leib ist ein belebter Staub, ein Gras, ein Laub, und bald, ach, bald des Grabes Raub!

3. Bald kämpft mein Leib mit Schwäch' und Schmerz; bald sorgt, bald ängstet sich mein Herz; bald wird am frühen Grab ein Freund von mir beweint; dann kommt der Tod, der letzte Feind.

4. So stirbt wohl endlich lebenssatt, wer viel und schwer gerungen hat; und dass der Tod ihm Heimgang ist, das dankt der Christ dem, der für uns gestorben ist.

5. Ich leb' und leide dir, dem Herrn; und dir, Herr, leb' und leid' ich gern. Du stärkst mich, wenn mir Kraft gebricht; ich wanke nicht. Denn du bleibst meine Zuversicht.

6. So komme, wann du willst, der Tod! er führet mich zu dir, o Gott! Du giebst, nach Leiden dieser Zeit, nach Sorg' und Streit, mir die verheissne Seligkeit.

Choral.

1. Es ist ge - nug! So nimm, Herr, mei - nen
Geist zu Zi - ons Gei - stern hin! lös' auf das
Band, das schon all - mä - lig reisst; be - frei - e
mei - nen Sinn! O, stil - le doch diess hei - sse

Seh - nen und mach' ein En - de mei - nen

Thrä - nen! Es ist ge - nug, es ist ge - nug!

2. Es ist genng des Jammers, der mich drückt
Durch unsrer Sünde Schuld;
Sie hatt' in mir des Guten Lieb' erstickt,
Geraubt mir deine Huld.
Sie hatte mich von Gott geschieden,
Gestöret meiner Seelen Frieden:
Es ist genug!

3. Es ist genug des Kreuzes, das mich fast
Herab zur Erde beugt.
Wie schwer, o Gott, wie hart ist diese Last,
Die nimmer von mir weicht!
Ich muss wohl unter heissen Thränen
Mich herzlich nach Erlösung sehnen:
Es ist genug!

4. Es ist genug, wenn Gott, mein Heiland, will:
Er kennet ja mein Herz;
Ich harre sein und halte ruhig still,
Er heilet jeden Schmerz;
Was meine sieche Brust getragen,
Nimmt er hinweg, und wird dann sagen:
Es ist genug!

5. Es ist genug! Herr, wenn es dir gefällt,
So ende meinen Lauf;
Entrücke mich dem Jammerthal der Welt,
Nimm mich zu dir hinauf!
Heil mir, ich fahre hin in Frieden,
Mein Kreuz u. Elend bleibt hienieden:
Es ist genug!

Burmeister.

Choral.

Mel.: Ach Gott, wie manches Herzeleid etc.

1. Wie si - cher lebt der Mensch, der Staub! sein Le - ben ist ein fal - lend Laub; und den - noch schmeichelt er sich gern, der Tag des To - des sei noch fern.

2. Der Jüngling hofft des Greises Ziel, der Mann noch seiner Jahre viel, der Greis zu vielen noch ein Jahr, und Keiner nimmt den Irrthum wahr.

3. Sprich nicht: Ich denk' in Glück und Noth im Herzen oft an meinen Tod. Der, den der Tod nicht weiser macht, hat nie mit Ernst an ihn gedacht.

4. Wir leben für die Ewigkeit, zu thun, was uns der Herr gebeut; und unsers Lebens kleinster Theil ist eine Frist zu unserm Heil.

5. Der Tod rückt Seelen vor Gericht; da bringt Gott Alles an das Licht, und macht, was hier verborgen war, den Rath der Herzen offenbar.

6. Drum, da der Tod dir täglich dräut, so sei stets wacker und bereit; prüf' deinen Glauben als ein Christ, ob er durch Liebe thätig ist.

7. Ein Seufzer in der letzten Noth, ein Wunsch, durch des Erlösers Tod vor Gottes Thron gerecht zu sein: diess macht dich nicht von Sünden rein.

8. Ein Herz, das Gottes Stimme hört, ihr folgt, und sich vom Bösen kehrt; ein gläubig Herz, von Lieb' erfüllt, diess ist es, was in Christo gilt.

9. Die Heiligung erfordert Müh'; du wirkst sie nicht, Gott wirket sie: du aber ringe stets nach ihr, als wäre sie ein Werk von dir.

10. Des Christen Ruhm, für den er lebt, das höchste Ziel, nach dem er strebt, und seiner Tage Rechenschaft, ist Tugend in des Glaubens Kraft.

11. Ihr alle seine Tage weihn, heisst eingedenk des Todes sein; und wachsen in der Heiligung ist Frucht der Todserinnerung.

12. Wie oft vergass ich diese Pflicht! Herr, geh mit mir nicht in's Gericht; drück' selbst des Todes Bild in mich, dass ich dir lebe würdiglich!

13. Dass ich mein Herz mit jedem Tag vor dir, o Gott, erforschen mag, ob Liebe, Demuth, Fried' und Treu' die Frucht des Geistes in mir sei;

14. Dass ich zu dir um Gnade fleh', stets meiner Schwachheit widersteh', und endlich in des Glaubens Macht mit Freuden ruf': Es ist vollbracht!

Gellert.

Choral.

Nach der Melodie: Wie schön leuchtet der Morgenstern etc.

1. Wie wird mir dann, o dann mir sein, wann ich, mich ganz des Herrn zu freun, in ihm entschlafen werde! Von keiner Sünde mehr entweiht, erhoben über Sterblichkeit, nicht mehr der Mensch von Erde! Freu' dich, Seele! stärke, tröste dich, Erlöste, mit dem Leben, das dir dann dein Gott wird geben

2. Ich freue mich, und bebe doch! So beugt mich meines Elends Joch, der Fluch der Sünde nieder. Der Herr erleichtert, was mich drückt; mein banges Herz, durch ihn erquickt, glaubt und erhebt sich wieder. Jesus Christus, lass mich streben, dir zu leben, dir zu sterben, deines Vaters Reich zu erben.

3. Verachte denn des Todes Graun, mein Geist! er ist ein Weg zum Schaun aus dem finstern Thale. Er sei dir nicht mehr fürchterlich; er führt zum Heiligthume dich, zum grossen Abendmahle. Dort wird dein Hirt, nach den Thränen, nach dem Sehnen dich Erlösten ewig, unaussprechlich trösten.

4. Herr, Herr, ich weiss die Stunde nicht, die mich, wann nun mein Auge bricht, zu deinen Todten sammelt. Vielleicht umgiebt mich ihre Nacht, eh' ich diess Flehen noch vollbracht, mein Lob dir ausgestammelt. Vater, Vater, ich befehle meine Seele deinen Händen; lass den Lauf mich wohl vollenden!

5. Vielleicht sind meiner Tage viel; ich bin vielleicht noch fern vom Ziel, an dem die Krone pranget. Dann sei ein jeder Tag geweiht dem Ringen um die Seligkeit, nach der mein Herz verlanget. Lass mich, Vater, reiche Saaten, gute Thaten, einst begleiten vor den Thron der Ewigkeiten!

6. Wie wird mir dann, ach dann mir sein, wann ich, mich ganz des Herrn zu freun, ihn dort anbeten werde! Von keiner Sünde mehr entweiht, ein Mitgenoss der Herrlichkeit, nicht mehr der Mensch von Erde! Heilig, heilig, heilig! singen wir und bringen deinem Namen Ehr' und Preis auf ewig. Amen.

Klopstock.

Vom Tode.

Choral.

1. Chri - stus, der ist mein Le - - ben und Ster - ben mein Ge - winn! ihm hab' ich mich er- ge - - ben; mit Freu - den fahr' ich hin.

2. Mit Freud' ich fahr' von hinnen zu ihm, dem Bruder mein, den Himmel zu gewinnen und dort bei ihm zu sein.

3. Dann hab' ich überwunden Kreuz, Leiden, Angst und Noth; durch seine heil'gen Wunden bin ich versöhnt mit Gott.

4. Wenn mir die Augen brechen, der Athem stockt im Lauf, und ich kein Wort kann sprechen: Herr, nimm mein Seufzen auf!

5. Wenn Sinnen und Gedanken vergehen wie ein Licht, das hin und her muss wanken, weil Nahrung ihm gebricht:

6. Alsdann fein sanft und stille, Herr, lass mich schlafen ein! und so gescheh' dein Wille, wenn kommt mein Stündelein.

7. An dir lass da mich hangen, mein Hort, an dir allein, mit gläubigem Verlangen, bald ganz bei dir zu sein.   Graff.

Choral.

1. Mit Fried' und Freud' ich fahr da-hin, in Got-tes Wil-len, ge-trost ist mir mein Herz und Sinn, sanft und stil-le; wie Gott mir ver-hei-ssen hat, der Tod mein Schlaf ist wor-den.

2. Das dank' ich Christo, Gottes Sohn, dem Trost der Frommen, der zu uns von des Vaters Thron ist gekommen, dass er Heil und Leben sei in Noth, und auch im Sterben.

3. Den hast du Allen vorgestellt mit grossen Gnaden, zu seinem Reich die ganze Welt heissen laden durch dein theuer heilsam Wort, das überall erschollen.

4. Er ist das Heil und sel'ge Licht den Völkern allen, dass einst, die es noch sehen nicht, in ihm wallen; er giebt Heil der ganzen Welt; ihm sei Preis, Dank und Ehre!

Luther (Martin).

Choral.

Mel.: Jesu, der du meine Seele etc.

1. Eit - le Welt, ich bin dein mü - de; mei - ne

See - le seh - net sich. Wann er - quickt mich ew' - ger

Frie - - de? Ach mein Gott, wann rufst du mich?

Ru - fe, Herr, ich will mit Freu - den von der

Er - de Trüb - sal schei - den; denn ich weiss durch

Chri - sti Blut ma - chest du mein En - de gut.

2. Dem ist vor dem Tod nicht bange,
Der, des armen Lebens satt,
Dieses Jammerthal schon lange,
So wie ich, durchwandert hat.
Er wird wohl die Stunden zählen,
Bis die Freiheit seiner Seelen
Und der Abschied aus der Welt
Sich erwünscht hat eingestellt.

3. Zwar ich bin nicht ungeduldig,
Dass mich Kreuz und Elend drückt;
Mehr zu leiden bin ich schuldig,
Als mein Gott mir zugeschickt.
Weiss ich doch, dass mich kein Leiden
Kann von seiner Liebe scheiden!
Auch das Kreuz, von ihm gesandt,
Ist mir seiner Gnade Pfand.

4. Darum nur wünsch' ich zu sterben,
Dass ich Jesum möge sehn
Und sein ewig Heil ererben.
Möcht' es heute noch geschehn!
Naht euch drum, Erlösungsstunden,
Da ich, aller Noth entbunden,
Auf der rauhen Lebensbahn
Meinen Lauf vollenden kann!

5. So ist mir der Tod ein Segen
Und das Sterben ein Gewinn.
Kommt, ihr Engel, mir entgegen,
Traget meine Seele hin!
Ach, mir wird von jenem Leben
Hier der Vorschmack schon gegeben;
Darum wünsch' ich diess allein,
Auch im Schauen da zu sein.

6. Alle, die ich hier geliebet,
Die mein Gott mir zugesandt,
Und die nun mein Tod betrübet:
Die befehl' ich seiner Hand.
Gott versorget, Gott beschützet;
Er wird geben, was euch nützet.
Und so ist mein Haus bestellt.
Gute Nacht, du eitle Welt!

Neumeister.

Choral.

1. Mit - ten wir im Le - ben sind mit dem Tod um-
Wen such'n wir, der Hül - fe thu', dass wir Gnad' er-
fan - - gen. Das bist du, Herr, al - lei - - ne! Uns
lan - - gen?
reu - et uns - re Mis - se - that, die dich, Herr, er - zür - net
hat. Hei - li - ger Her - re Gott! hei - li - ger star - ker

Gott! hei - li - ger barm - her - - - zi - ger Heiland! du e - wi - ger Gott! lass uns nicht ver - sin-
ken in des bit - tern To - des Noth! Erbarm' dich un - ser.

2. Mitten in dem Tod anficht uns der Höllen Rachen; wer will uns aus solcher Noth frei und ledig machen? Das thust du, Herr, alleine! Es jammert dein' Barmherzigkeit unsre Sünd' und grosses Leid. Heiliger Herre Gott! heiliger starker Gott! heiliger barmherziger Heiland! Du ewiger Gott! lass uns nicht verzagen vor der tiefen Höllengluth! Erbarm' dich unser!

3. Mitten in der Höllen Angst unsre Sünd' uns treiben. Wo soll'n wir dann fliehen hin, da wir mögen bleiben? Zu dir, Herr Christ, alleine! Vergossen ist dein theures Blut, das g'nug für die Sünde thut. Heiliger Herre Gott! heiliger starker Gott! heiliger barmherziger Heiland! Du ewiger Gott! lass uns nicht entfallen von des rechten Glaubens Trost! Erbarm' dich unser!

Luther (Martin).

Vom jüngsten Gericht.

Choral.

1. Wa - chet auf, ruft einst die Stim - me, des
   Wa - chet auf! er - lö - ste Sün - der! ver-

Soh - nes Got - tes All - machts - stim - me: ver-
sam - melt euch, ihr Got - tes - kin - der: der

lasst, ihr Tod - ten, eu - re Gruft!
Wel - ten Herr ist's, der euch ruft!   Der

Grä - ber To - des - nacht ist nun nicht

mehr; er - wacht! Hal - le - lu - - jah! macht

euch be - reit zur E - wig - keit! Sein

Tag, sein gro - sser Tag ist da!

2. Erd' und Meer und Felsen beben; die Frommen stehen auf zum Leben, zum neuen Leben stehn sie auf: Ihr Versöhner kommt voll Klarheit, durch Gnade mächtig, stark durch Wahrheit; ihr Licht wird hell, ihr Stern geht auf. Licht ist um deinen Thron und Leben, Gottes Sohn! Preis dir, Heiland! Vollender, dir, dir folgen wir, zu deines Vaters Herrlichkeit!

3. Ew'ges Lob sei dir gesungen! Wir sind zum Leben durchgedrungen, zum Heil, zu der Gerechten Lohn. Christus strömt der Freuden Fülle auf uns; wir schaun ihn ohne Hülle, ihn, unsern Freund, ihn Gottes Sohn. Noch sah kein Auge sie; dem Ohr erscholl sie nie, diese Wonne. Von Ewigkeit zu Ewigkeit sei Dank und Preis und Ehre dir!

Nicolai (und Klopstock).

Vom ewigen Leben.

Choral.

1. Je - ru - sa - lem, du heil' - ge Got - tes-
   Mein hof - fend Herz ist die - ser Er - den

stadt, ach wär' ich schon in dir! } weit
satt, und sehnt sich fort von hier;

ü - ber Berg und Tha - - le, weit ü - ber

Flur und Feld fleugt's auf zum Him - mels-

saa - - le, ver - gisst die nicht' - ge Welt.

2. O schöner Tag, o sel'ger Augen-
        blick,
Wann bricht dein Glanz herhor,
Da frei und leicht zu reinem Him-
        melsglück
Sich schwingt die Seel' empor?
Da ich sie übergebe
In Gottes treue Hand,
Auf dass sie ewig lebe
In jenem Vaterland.

3. O Himmelsburg, gegrüsset seist du
        mir,
Thu' auf die Gnadenpfort';
Wie lange schon hat mich verlangt
        nach dir!
Ich eile freudig fort,
Fort aus dem trüben Leben,
Aus jener Nichtigkeit,
Der ich war hingegeben
In meiner Prüfungszeit.

4. Was für ein Volk, welch' eine edle
        Schaar,
Kommt dort mit Ruhm und Preis?
Was in der Welt von Auserwählten
        war,
Seh' ich im heil'gen Kreis.
Nun wird mir zugesendet
Die Kron' aus Jesu Hand,
Da ich den Kampf vollendet
In jenem Thränenland.

5. Propheten gross, Apostel hehr und
        hoch,
Blutzeugen ohne Zahl,
Und wer dort trug des schweren
        Kreuzes Joch
Und der Tyrannen Qual:
Ich seh' sie herrlich schweben
In sel'ger Freiheit Glanz,
Das edle Haupt umgeben
Von lichtem Sternenkranz.

6. Und lang' ich an im schönen Paradies,
    Im Heiligthum des Herrn,
    Dann schaut mein Geist, was er einst glauben pries,
    Was er gesehn von fern.
    O welche Jubelklänge
    Hört mein entzücktes Ohr,
    Welch' hohe Lobgesänge
    Von aller Sel'gen Chor!

                                        Meyfart.

332

Lied.

1. Wo fin-det die See-le die Heimath, die Ruh'? Wer deckt sie mit
2. Ver-las-se die Er-de, die Heimath zu sehn, die Heimath der

schü-tzen-den Fit-ti-gen zu? Ach, bie-tet die Welt kei-ne
See-le so herr-lich, so schön! Je-ru-sa-lem, dro-ben, von

Frei-statt mir an, wo Sün-de nicht kommen, nicht an-fechten
Gol-de ge-baut, ist die-ses die Heimath der See-le, der

kann? Nein, nein, nein, nein, hier ist sie nicht: die Heimath der
Braut? Ja, ja, ja, ja, die-ses al-lein kann Ruhplatz und

See-len ist dro-ben im Licht. See-le nur sein.
Hei-math der

Choral.

1. O wie se - lig seid ihr doch, ihr From - men, die ihr durch den Tod zu Gott ge - kom - - men! Ihr seid ent - gan - gen al - ler Noth, die uns noch hält ge - fan - - gen.

2. Muss man hier doch in der Fremde leben, wo uns Angst und Schrecken oft umschweben; selbst Freudenstunden sind mit Leid und Sorgen oft verbunden.

3. Ihr hingegen ruht in eurer Kammer sicher und befreit von allem Jammer; kein Kreuz und Leiden störet eure Ruh' und eure Freuden.

4. Christus hat getrocknet eure Thränen, und ihr habt, wonach wir uns noch sehnen; ihr hört und sehet, was hier keines Menschen Geist verstehet.

5. Ach, wer wollte denn nicht willig sterben und den Himmel für die Welt ererben? wer hier noch weilen uud nicht freudig in die Heimath eilen?

6. Komm, o Jesu, komm, uns zu erlösen von der Erde Last und allem Bö- sen! Bei dir, o Sonne, ist der Frommen Herrlichkeit und Wonne. Dach.

Choral.

1. Nach ei - ner Prü - fung kur - zer Ta -
Dort, dort ver - wan - delt sich die Kla -

ge er - war - tet uns die E - wig - keit.
ge in gött - li - che Zu - frie - den - heit.

Hier übt die Tu - gend ih - ren Fleiss, und

je - ne Welt reicht ihr den Preis.

2. Wahr ist's, der Fromme schmeckt auf
   Erden
   Schon manchen sel'gen Augenblick;
   Doch alle Freuden, die ihm werden,
   Sind ihm ein unvollkommnes Glück.
   Er bleibt ein Mensch, und seine Ruh'
   Nimmt in der Seele ab und zu.

3. Bald stören ihn des Körpers Schmerzen,
   Bald das Geräusche dieser Welt;
   Bald kämpft in seinem eignen Herzen
   Ein Feind, der öfter siegt, als fällt;
   Bald sinkt er durch der Nächsten Schuld
   In Kummer und in Ungeduld.

4. Hier, wo die Tugend öfters leidet,
   Das Laster öfters glücklich ist,
   Wo man den Glücklichen beneidet
   Und des Bekümmerten vergisst;
   Hier kann der Mensch nie frei von Pein,
   Nie frei von eigner Schwachheit sein.

5. Hier such' ich's nur, dort werd' ich's
   finden;
   Dort werd' ich, heilig und verklärt,
   Der Tugend ganzen Werth empfinden,
   Den unaussprechlich hohen Werth;
   Den Gott der Liebe werd' ich sehn,
   Ihn lieben, ewig ihn erhöhn.

6. Da wird der Vorsicht heil'ger Wille
   Mein Will' und meine Wohlfahrt sein;
   Und lieblich Wesen, Heil die Fülle,
   Am Throne Gottes mich erfreun.
   Dann lässt Gewinn stets auf Gewinn
   Mich fühlen, dass ich ewig bin.

7, Da werd' ich das im Licht erkennen,
   Was ich auf Erden dunkel sah;
   Das wunderbar und heilig nennen,
   Was unerforschlich hier geschah;
   Da denkt mein Geist, mit Preis und
   Dank,
   Die Schickung im Zusammenhang.

8. Da werd' ich zu dem Throne dringen,
   Wo Gott, mein Heil, sich offenbart;
   Ein Heilig, Heilig, Heilig singen
   Dem Lamme, das erwürget ward;
   Und Cherubim und Seraphim
   Und alle Himmel jauchzen ihm.

9. Da werd' ich in der Engel Schaaren
   Mich ihnen gleich und heilig sehn;
   Das nie gestörte Glück erfahren,
   Fromm mit den Frommen umzugehn.
   Da wird durch jeden Augenblick
   Ihr Heil mein Heil, mein Glück ihr
   Glück.

10. Da werd' ich dem den Dank be-
    zahlen,
    Der Gottes Weg mich gehen hiess,
    Und ihn zu Millionenmalen
    Noch segnen, dass er mir ihn wies;
    Da find' ich in des Höchsten Hand
    Den Freund, den ich auf Erden fand.

11. Da ruft (o möchte Gott es geben!)
    Vielleicht auch mir ein Sel'ger zu:
    Heil sei dir, denn du hast mein Leben,
    Die Seele mir gerettet, du!
    O Gott, wie muss das Glück erfreun,
    Der Retter einer Seele sein!

12. Was seid ihr Leiden dieser Erden
    Doch gegen jene Herrlichkeit,
    Die offenbart an uns soll werden
    Von Ewigkeit zu Ewigkeit?
    Wie nichts, wie gar nichts gegen sie
    Ist doch ein Augenblick voll Müh'!

Gellert.

Choral.

1. O E - wig - keit, du Don - ner - wort! o
   O E - wig - keit, Zeit oh - ne Zeit! ich

Schwert, das durch die See - le bohrt, o An - fang
weiss vor gros - ser Trau - rig - keit nicht, wo ich

son - der En - - de!
mich hin - wen - - de.
Mein

ganz er - schrock - nes Herz er - bebt, dass

mir   die   Zung'   am   Gau - men   klebt.

2. Kein Unglück ist in aller Welt,
    Das endlich mit der Zeit nicht fällt
    Und ganz wird aufgehoben:
    Die Ewigkeit nur hat kein Ziel,
    Sie treibet fort und fort ihr Spiel
    Lässt nimmer ab zu toben,
        Ja, wie mein Heiland selber spricht,
    Aus ihr ist kein' Erlösung nicht.

3. O Ewigkeit, du machst mir bang!
    O ewig, ewig ist zu lang!
    Hier gilt fürwahr kein Scherzen.
    Drum, wenn ich diese lange Nacht
    Zusammt der grossen Pein betracht',
    Erschreck ich recht von Herzen.
        Nichts ist zu finden weit und breit
    So schrecklich als die Ewigkeit.

4. Ach Gott, wie bist du so gerecht,
    Wie strafst du einen bösen Knecht
    So hart im Pfuhl der Schmerzen!
    Auf kurze Sünden dieser Welt
    Hast du so lange Pein bestellt:
    Ach nimm dies wohl zu Herzen,
        Betracht' es oft, o Menschenkind:
    Kurz ist die Zeit, der Tod geschwind!

5. Wach auf, o Mensch, vom Sündenschlaf!
    Ermuntre dich, verlornes Schaf,
    Und bess're bald dein Leben:
    Wach auf, es ist doch hohe Zeit!
    Es kommt heran die Ewigkeit,
    Dir deinen Lohn zu geben:
        Vielleicht ist heut' der letzte Tag
    Wer weiss noch, wie man sterben mag?

6. O Ewigkeit, du Donnerwort!
    O Schwert, das durch die Seele bohrt!
    O Anfang sonder Ende!
    O Ewigkeit, Zeit ohne Zeit!
    Ich weiss vor grosser Traurigkeit
    Nicht, wo ich mich hinwende.
        Nimm du mich, wenn es dir gefällt,
    Herr Jesu, in dein Freudenzelt.

Joh. Rist. 1644.

Jahreszeiten.

Der Frühlingsbote.

(Schneeglöckchen.)

Nicht schnell.   F. A. Schulz.

1. Ich ken - ne ein Blüm-chen, so ein - fach, so schön, wie En - gel des Him - mels im Licht-glanz zu sehn, es hül - let be - scheiden in Demuth sich ein, es ist dieses Blümchen wie Unschuld so rein.

2. Noch trauert die Erde im starrenden Eis, da blüht schon das Frohe im blendenden Weiss. Doch ehe die Nachtigall singet ihr Lied, ist, ach, schon mein liebliches Blümchen verblüht.

3. Es lächelt voll Wehmuth, voll Milde mir zu, dann welken die Blätter, es eilet zur Ruh'. Ich liebe dich, Blümchen, auf schneeiger Flur, du bist mir ein Bote der schönen Natur.   Fr. Gleich.

Frühling.

Morgenlied im Frühlinge.

Nicht schnell.

1. Erwacht von süssem Schlummer, gestärkt durch sanfte Ruh', jauchzt,
Va - ter, frei von Kummer, Preis un - ser Herz dir zu.

2. Du bist es, der dem Müden,
Dem Schwachen Kraft geschenkt!
Du sprachest: Schlaft in Frieden!
Erwachet ungekränkt!

3. Nun streust du Lust und Segen
Auf Alles, was wir sehn;
Wir sehn sich Alles regen
Und Alles neu erstehn.

4. O Gott! Wie glänzt im Thaue
So schön die Morgenflur!
Die Welt, so weit ich schaue,
Zeigt deiner Güte Spur.

5. Aus tausend Kehlen schallet
Dir laut des Waldes Chor.
Von tausend Blumen wallet
Dein Opferduft empor.

6. O lasst auch uns erheben
Den Herrn das Leben lang;
Ja, unser Herz und Leben
Sei lauter Lobgesang.

J. Kasper Lavater.

Choral.

Mel.: Herzlich thut mich verlangen etc.

1. Wie lieb-lich ist der Mai - en aus lau-ter Got - tes Güt',
des sich die Menschen freu - en, weil al - les grünt und blüht.

Die Thier' sieht man jetzt springen mit Lust auf grü - ner Weid', die

Vöglein hört man sin - gen, die Gott lo - ben mit Freud'.

2. Herr, dir sei Lob und Ehre für solche Gaben dein. Die Blüth' zur Frucht vermehre, lass sie erspriesslich sein. Es steht in deinen Händen, dein' Macht und Güt' ist gross, drumb wollst du wider wenden Mehlthau, Frost, Reif und Schloss'.

3. Herr, lass die Sonne blicken ins finstre Herze mein, damit sich's möge schicken fröhlich im Geist zu sein, die grösste Lnst zu haben allein an deinem Wort, welch's mich im Kreuz kann laben und weis' des Himmels Pfort'.

4. Mein Arbeit hilf' verbringen zu Lob dem Namen dein, und lass mir wohl gelingen im Geist fruchtbar zu sein: die Blümlein lass aufgehen von Tugend mancherlei damit ich mög' bestehen und nicht verwerflich sei.

Martin Behm. 1606.

Die beste Zeit im Jahre.

Nicht schleppend.

mf

Die be - ste Zeit im Jahr ist mein', da

singen al - le Vö - ge-lein, Him - mel und Erden ist der

f

voll; viel gut Gesang da lautet wohl, viel gut Gesang da

cresc. et

accelerando *f* *ff*

lautet wohl, da lau - tet wohl, lau-tet wohl!

mf *p*

Ped. *

sostenuto

2. Voran die liebe Nachtigall macht Alles fröhlich überall mit ihrem lieblichen Gesang, dess muss sie immer haben Dank.

3. Viel mehr der liebe Herre Gott, der sie also erschaffen hat, zu sein die rechte Sängerin, der Musicen ein' Meisterin.

4. Dem singt und springt sie Tag und Nacht, sein's Lobes sie nicht müde macht; den ehrt und lobt auch mein Gesang, und sagt ihm einen ew'gen Dank.

Luther (Martin.)

Sommer.

Choral.

Nach der Melodie: Kommt her zu mir etc.

1. Geh aus, mein Herz, und suche Freud'
In dieser lieben Sommerzeit
An deines Gottes Gaben.
Schau an der schönen Gärten Zier,
Und siehe, wie sie mir und dir
Sich ausgeschmücket haben.

2. Die Bäume stehen voller Laub,
Das Erdreich decket seinen Staub
Mit einem grünen Kleide.
Narzissen und die Tulipan,
Die ziehen sich viel schöner an
Als Salomonis Seide.

3. Die Lerche schwingt sich in die Luft,
Das Täublein fleucht aus seiner Kluft
Und macht sich in die Wälder;
Die hochgelobte Nachtigall
Ergötzt und füllt mit ihrem Schall
Berg, Hügel, Thal und Felder.

4. Die Glucke führt ihr Küchlein aus,
Der Storch baut und bewohnt sein Haus,
Das Schwälblein ätzt die Jungen;
Der schnelle Hirsch, das leichte Reh
Ist froh, und kommt aus seiner Höh'
In's tiefe Gras gesprungen.

5. Die Bächlein rauschen in dem Sand,
Und malen sich an ihrem Rand
Mit schattenreichen Myrthen;
Die Wiesen liegen hart dabei,
Und klingen ganz vom Lustgeschrei
Der Schaf' und ihrer Hirten.

6. Die unverdross'ne Bienenschaar
Fleucht hin und her, sucht hier und dar
Die edle Honigspeise;
Des süssen Weinstocks starker Saft
Bringt täglich neue Stärk' und Kraft
In seinem schwachen Reise.

7. Ich selber kann und mag nicht ruhn;
Des grossen Gottes grosses Thun
Erweckt mir alle Sinnen.
Ich singe mit, wenn Alles singt,
Und lasse, was dem Höchsten klingt,
Aus meinem Herzen rinnen.

8. Ach, denk ich, bist du hier so schön,
Und lässest uns so lieblich gehn
Auf dieser armen Erden:
Was will doch wohl nach dieser Welt
Dort in dem schönen Himmelszelt
Und güldnem Schlosse werden!

9. O wär' ich da, o ständ' ich schon,
Du lieber Gott! vor deinem Thron,
Und trüge meine Palmen:
So wollt' ich nach der Engel Weis'
Erhöhen deines Namens Preis
Mit tausend schönen Psalmen!

Paul Gerhardt.

Dasselbe Lied.

Melodie von Gersbach.

1. Geh aus, mein Herz, und su - che Freud' in die - ser lie - ben Som - merzeit an dei - nes Got - tes Ga - ben. Schau an der schönen Gär - ten Zier, und sie - he, wie sie mir und dir sich aus - ge - schmücket ha - ben.

Sonntagslied im Sommer.

Freudig, aber nicht schnell.   A. Harder.

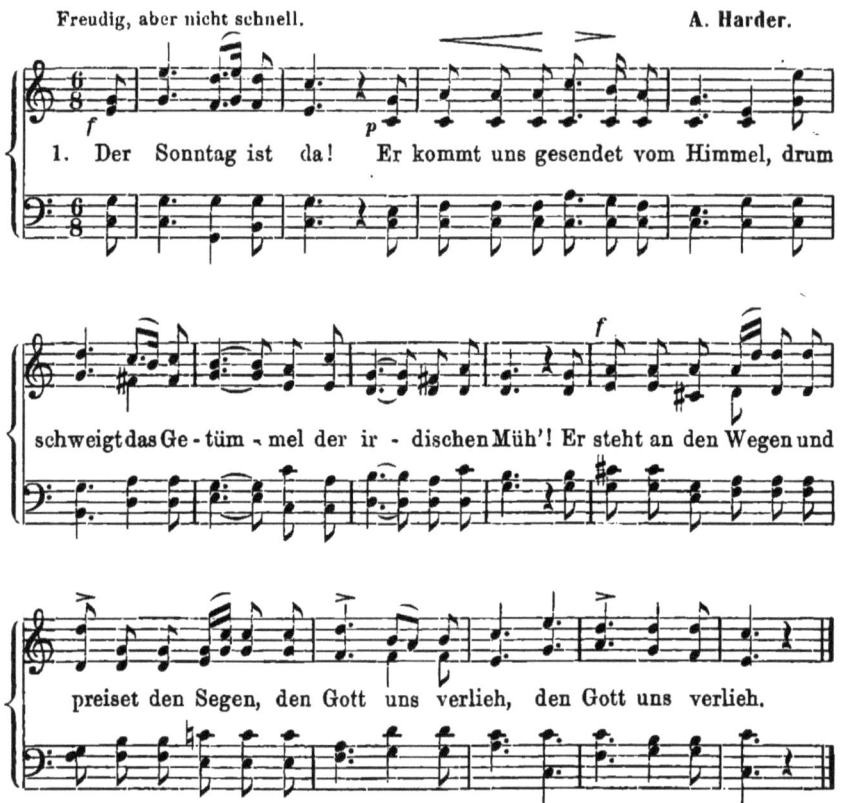

1. Der Sonntag ist da! Er kommt uns gesendet vom Himmel, drum schweigt das Ge - tüm - mel der ir - dischen Müh'! Er steht an den Wegen und preiset den Segen, den Gott uns verlieh, den Gott uns verlieh.

2. Der Sonntag ist da!
Er ruft uns in's Aehrengefilde,
Die freundliche Milde
Des Vaters zu sehn.
Wie glänzt in der Stille
Des Tages, die Fülle
Der Saaten so schön.

3. Der Sonntag ist da!
Wir streuten in Hoffnung den Saamen;
Der Vater sprach: Amen!
Da wuchs er empor.
Nun stehn wir und hören
Das Rauschen der Aehren
Mit freudigem Ohr.

4. Der Sonntag ist da!
Auf, lasset den Vater uns loben!
Er feuchtet von oben
Den durstenden Keim!
Bald rauschen und klingen
Die Sicheln; wir bringen
Die Garben dann heim.

5. Der Sonntag ist da!
Was hoffend und liebend wir säen,
Wird einstens erstehen
In lieblichem Glanz.
Wir säen im Staube,
Dort reicht uns der Glaube
Den ewigen Kranz!

F. A. Krummacher.

Herbſt.

Choral.

Mel.: Herr Gott, dich loben alle wir etc.

1. Ge - ern - tet ist der Fel - der Saat. Vom Herrn der

Zeit ge - ru - fen, naht der Herbst mit sei - ner Fül - le

sich, und seg - net und er - freut auch mich.

2. Der segensreiche Garten prangt
Mit vollen Zweigen, und verlangt,
Von seiner Frucht befreit zu sein,
Um Gottes Menschen zu erfreun.

3. Der Sänger in den Lüften schweigt,
Er, der in ferne Lande fleugt,
Wo Gott schon eine neue Saat
Und Frucht für ihn bereitet hat.

4. Denn Gott ernährt, was fleugt u. webt,
Dass Alles fröhlich sei, was lebt,
Dass seine ganze Schöpfung Dank,
Und Jubel sei, und Lobgesang.

5. Auf traubenvollen Hügeln schallt
Des Winzers Lob, und widerhallt
Von Berg auf Berg: denn Most u. Wein
Giebt uns der Herr, uns zu erfreun.

6. Wie liebevoll, wie mild und gut
Ist Gott, der so viel Wunder thut!
Der Jüngling, wie der Mann und Greis
Sei fröhlich, sei sein Ruhm und Preis.

7. Auch wenn du alterst, sorgt für dich
Dein Herr und Gott, wie väterlich!
Er, der, wenn sich dein Abend naht,
Auch dann für dich viel Freuden hat.

8. Froh kannst du sterben, wenn du nur,
Wie seine segnende Natur,
Gesegnet hast, wenn er die Frucht,
Die er verlangt, umsonst nicht sucht.

9. Auch die Natur verblüht und stirbt,
Nur dass ihr Same nicht verdirbt,

Und schöner auflebt, wenn ihr Freund,
Der Frühling, wiederum erscheint.

10. So blühst und reifst du in der Zeit
Zu grösserer Vollkommenheit.
Nur sei ein guter Same, sei
Gott auch bis in den Tod getreu.

𝔚 i n t e r.

Choral.
Nach der vorigen Melodie.

1. Nicht für der Felder Segen nur,
Auch für den Schlummer der Natur,
Für Frost und Winter danken wir,
Herr, unser Gott und Vater, dir.

2. Ein silberfarbenes Gewand
Schmückt Berge, Hügel, Thal u. Land.
Wie schön sind sie! Wen freuet nicht
Der tiefern Sonne mildres Licht?

3. Die Erde pflegt nun mütterlich
Die ihr vertraute Saat, die sich
Im nahen Frühling segensvoll
Entwickeln und uns nähren soll.

4. Doch nicht geräuschvoll, nur geheim,
So nährt der Tugend ersten Keim
Ein Vater mit verborgner Lust
In seiner schwachen Kinder Brust.

5. So thut, was Andre segnen kann,
Ein guter und bescheidner Mann,
Sucht, wenn sein Thun nur Gott gefällt,
Nicht das Geräusch des Ruhms der Welt.

6. Doch wachsen soll der Tugend Saat,
Blühn soll, was er im Stillen that,
Zu reichen Ernten in der Zeit,
Zu reichern in der Ewigkeit.

7. So wie der Felder Saat durch dich
Im Stillen·keimt, und väterlich
Durch dich, o Höchster, wird gestärkt;
Bleibt es von uns gleich unbemerkt.

8. Es brause fürchterlich umher
Des Winters Sturm; auch er, auch er
Ist deines Segens Diener, Gott.
Du thust uns wohl, auch selbst durch
Noth.

9. Und wie viel Freuden haben wir,
Mildthätiger, auch jetzt von dir,
Der du so väterlich uns trägst,
In unsrer Hütt' uns wärmst und pflegst.

10. Herr, jeder Wechsel deiner Zeit
Entflamm' uns zu der Dankbarkeit,
Die deinen Willen gern erfüllt:
Denn du bist immer gut und mild.

11. Du bleibst allmächtig stets und gross.
Wir werden, wenn der Erde Schooss
Auch uns bedeckt hat, dich zu sehn,
Aus unsern stillen Gräbern gehn.

12. Und auferweckt, das Feierkleid
Der himmlischen Unsterblichkeit
Anlegen, und vor deinem Thron
Dich preisen, Gott, und deinen Sohn;

13. Dass nun hinfort kein Wechsel ist,
Dass du in Allem Alles bist,
Ein Gott, der, wenn der Fromm' erwacht,
Ihn ewig, ewig selig macht.

Winterlied.

Ruhig und sanft.

Nach **Fink**.

1. Wie ru-hest du so stille, in dei-ner weissen Hülle, du mütter-liches Land! wo sind die Frühlingslieder, des Sommers bunt Ge-fieder und dein be-blüm - tes Fest-ge - wand?

2. Du schlummerst nun entkleidet; kein Lamm und Schäflein weidet auf deinen Au'n und Höh'n. Der Vöglein Lied verstummet und keine Biene summet. Doch bist du auch im Schlummer schön.

3. Die Zweig' und Aestlein schimmern, und tausend Lichter flimmern, wohin das Auge blickt! Wer hat dein Bett bereitet, die Decken dir gebreitet, und dich so schön mit Reif geschmückt?

4. Der gute Vater droben hat dir dein Kleid gewoben er schläft und schlummert nicht. So schlummre nun in Frieden der Vater weckt die Müden zu neuer Kraft und neuem Licht!

5. Bald in des Lenzes Wehen wirst du verjüngt erstehen zum Leben wunderbar! Sein Odem schwebt hernieder; dann, Erde, stehst du wieder mit einem Blumenkranz im Haar.

Krummacher.

Choral.

1. Er - halt' uns, Herr, bei dei - nem Wort, und steur' all dei - ner Fein - de Mord, die Je - sum Christum, dei - nen Sohn, stür - zen wol - len von sei - nem Thron.

2. Beweis' dein' Macht, Herr Jesu Christ,
Der du ein Herr all'r Herren bist!
Beschirm' dein' arme Christenheit,
Dass sie dich lob' in Ewigkeit.

3. Gott, heil'ger Geist, komm und ver- leih',
Dass Fried' in deinem Volk hier sei;
Steh bei uns in der letzten Noth;
Führ' uns in's Leben aus dem Tod.

Luther (Martin).

Druck von Umlauf & Lüder in Leipzig.

Uebersicht des Inhalts.

Alphabetisches Register.